En quête de réel

Logiques des pénalités contemporaines
Collection dirigée par Tony Ferri

Emprisonnement, aménagements de peine, mesures de probation... Qu'est-ce qu'exécuter une peine aujourd'hui ? Devant la diversité des sanctions pénales, et face aux évolutions affectant les secteur de l'application des peines, l'activité des personnels pénitentiaires et la place de l'enfermement dans l'économie du pouvoir de punir, cette collection a vocation d'ouvrir un espace de réflexion aux chercheurs et aux praticiens du registre post-sentenciel.

Dernières parutions

Tony FERRI, *Le pouvoir de punir. Qu'est-ce qu'être frappé d'une peine ?*, 2014.

René Schérer
Entretien avec Tony Ferri

En quête de réel

Réflexions sur le droit de punir, le fouriérisme et quelques autres thèmes

L'Harmattan

5-7, rue de l'École-Polytechnique ; 75005 Paris

http://www.librairieharmattan.com
diffusion.harmattan@wanadoo.fr
harmattan1@wanadoo.fr

ISBN : 978-2-343-04619-8
EAN : 9782343046198

Note de remerciements

Voilà longtemps que je nourrissais l'ardent désir de proposer un entretien à René Schérer sur des sujets qui font partie de mes interrogations quotidiennes, qui agitent régulièrement l'actualité pénale et qui engagent la représentation du vivre-ensemble. La raison pour laquelle ce désir latent me taraudait l'esprit depuis quelques lustres tient à l'œuvre même de René Schérer. Et, en effet, si je ne le connaissais pas personnellement jusqu'ici, j'avais déjà lu et relu un certain nombre de ses écrits qui avaient eu la particularité d'exercer sur moi une forte attraction. Je me rendais compte que ses livres étaient de nature à provoquer un bouleversement philosophique. Philosophe fouriériste et philosophe du désir pour certains, ou peut-être philosophe inclassable pour d'autres, René Schérer est l'auteur d'une œuvre abondante et puissante qui donne authentiquement à penser, qui sort des sentiers battus et qui s'inscrit dans une perspective d'élévation de l'humain à un ordre sociétaire. En rupture avec la tradition philosophique, et proche par certains endroits de G. Deleuze et de F. Guattari, René Schérer invite les lecteurs à reconquérir la sphère de leurs désirs, à développer leur capacité imaginative, à dépasser les plates limites d'une vie qui se satisfait de l'air du temps : il est un stimulateur de pensées, un découvreur de nouveaux horizons, un agitateur de l'inédit, un philosophe de la philosophie qui vient...

Dès lors, parvenu à ce degré d'impatience de le rencontrer, je décidai de prendre contact avec René Schérer en ce début d'été 2014 pour lui proposer de conduire un entretien tout particulièrement sur la question du « punir », mais également sur d'autres thèmes qui sont plus proches de sa philosophie, et qu'il a maintes fois développés, pour le plus grand bonheur de ses lecteurs, dans nombre de ses écrits. Sa réponse à ma proposition a été immédiatement positive et encourageante. Je crois pouvoir être en mesure de soutenir que l'attitude de René Schérer face à ma proposition témoigne de ce que pourrait être un grand philosophe, et confirme son inscription, à mon sens et à son corps défendant, dans la mouvance de cette immense philosophie incarnée par les monuments que sont notamment Camus, Sartre, Foucault, Deleuze, Jankélévitch ou Onfray. J'ai en effet acquis la certitude que l'une des caractéristiques des « grands » philosophes, des philosophes dignes de ce nom, réside précisément dans la spontanéité de leur accueil de l'autre - peu importe précisément que cet autre soit connu ou inconnu -, dans le fait de considérer celui qui vient comme son égal et de le traiter d'ores et déjà en philosophe. Qu'il suffise, pour s'en convaincre, d'être attentif aux témoignages de ceux qui les ont croisés ou fréquentés à un moment ou à un autre. De sorte que le contraste est saisissant : là où chez tel ou tel chercheur bardé de diplômes, arborant son « HDR », le désespoir de n'être pas connu laisse place à la solennité et à l'aigreur, chez René Schérer il n'y a ni condescendance ni affectation, mais joie simple et authentique de philosopher avec des gens ordinaires... A l'instar de ces grands auteurs que je viens de citer, qui marquent puissamment et durablement de leur empreinte la philosophie se faisant et qui n'ont absolument rien à prouver, il est aisé et agréable d'approcher René Schérer, au point que de son seul coudoiement se dégagent déjà un inoubliable cheminement pour la pensée et une très belle leçon de vie. Un très grand merci à René Schérer !

Paris, le 18 septembre 2014.
Tony Ferri.

Entretien

T.F. : Compte tenu de l'abondance et de la richesse de votre œuvre, René Schérer, comment peut-on vous présenter ? Il est notable que vous vous êtes intéressé, par exemple, à des auteurs aussi différents que Husserl et Fourier. Qu'est-ce qui a animé et stimule encore fondamentalement vos réflexions aujourd'hui, et qui est le philosophe René Schérer ?

R.S. : Il faudrait diviser la question ; car, chercher à se définir soi-même me paraît dépasser les possibilités humaines, donc à plus forte raison les miennes. Si vous voulez, je me contenterai aujourd'hui de l'évocation que vous faites dans votre question, de cette curieuse rencontre, chez moi, de Husserl avec Fourier. Comment se fait-il que j'aie passé de l'un à l'autre, alors qu'entre eux, il ne semble pas y avoir de rapport ? On m'a interrogé quelquefois là-dessus, mais je veux bien y répondre à nouveau. En effet, j'ai paru abandonner Husserl pour Fourier, par une sorte de coup de tête, voire d'incohérence. Pourquoi et que signifie cette rupture ? J'y ai souvent réfléchi moi-même et ai essayé de la comprendre, de l'élucider, si tant est qu'elle puisse l'être totalement. J'y répondrai ici de trois manières :
1° Il y a bien rupture, passage (*metabasis*) d'un domaine à un autre ; de ce qu'on pourrait appeler la « philosophie pure » d'un universitaire, fondateur de système et d'école, apparemment conformiste en matière politique et sociale, éminemment « sérieux », à l'œuvre touffue d'un auteur, inventeur ou prophète, inclassable, jugé fantaisiste et utopique, réformateur de vie.
J'ai passé brusquement, sauté de l'un à l'autre, simultanément, d'ailleurs ; en partie, c'est vrai, par intention de rupture, de paradoxe, de contradiction. J'ai voulu, contre une philosophie qui pouvait paraître le

comble du formalisme, réservée à une élite, une caste, maniant des subtilités formelles, qui pouvait paraître répétitive, ressasser les mêmes formules, tourner en rond, j'ai voulu, dis-je, défendre une « non-philosophie » ou anti-philosophie en rupture de ban avec toutes les institutions et même les logiques.

Fourier n'a-t-il pas exercé sa verve contre la « secte des philosophes », la « tourbe philosophesque » ? Oui, je me suis porté vers Fourier par une sorte d'esprit de provocation ; soutenu, il faut le dire, par l'admiration de Breton et des situationnistes pour Fourier, à la veille de mai 68.

2° La seconde raison ou manière est ce que j'appellerais « l'occasion », aux environs de 1966, l'événement, en grec, *kairos* ou *tychè*.

On (Jean-François Revel qui dirigeait la collection « Libertés » chez J.-J. Pauvert) m'a demandé un petit livre sur un penseur de mon choix. Ce qui m'a fait songer à Fourier, qui n'était pas traité, sur lequel il n'y avait rien encore dans cette collection, et dont j'avais « fait la connaissance » mais lointainement, dans la classe de René Maublanc, au lycée Henri IV, en tant que stagiaire d'agrégation, en 1946-47. René Maublanc, avec Henri Armand, a établi des plus importants *Morceaux choisis* en deux tomes, qui restèrent longtemps le seul « Fourier », ou presque, accessible. Entre parenthèses, c'est à ce livre que W. Benjamin se réfère dans ses *Passages* (*Paris, capitale du XIX*^e^ *siècle, Le livre des passages*, les éd. du Cerf, trad. Jean Lacoste, 2006). Cela me donna le prétexte, le coup d'envoi pour mon petit opuscule sur *L'attraction passionnée*. Donc, il y a là une motivation non négligeable, en vertu d'un « tychisme » dont Ch. Sanders Peirce a fait un ingrédient de sa pragmatique.

3° Mais il y a tout de même encore un troisième argument à cette rencontre et à cette cohabitation, en moi, des contraires. Je ne veux pas me contenter de les affirmer et de les maintenir simplement ensemble. Ce qui serait, toutefois, possible, et a des antécédents dont je pourrais me recommander, comme Pasolini qui a toujours voulu détenir en lui, sans exclusion, les contradictions et oxymores. Il y a, certes, de cela, mais je crois, à la réflexion, qu'il y a également des accords et résonances profondes entre une certaine manière d'aborder Husserl et « l'usage » que j'ai fait de Fourier. Je ne peux ni ne veux m'y étendre dans cette première réponse, mais je dirai que la phénoménologie husserlienne n'a jamais été pour moi contenue dans les études formalistes et abstraites de l'idéalisme transcendantal et du sujet pur, mais qu'elle était, avant tout, orientée vers ce que Husserl appelle le (ou la) *Lebenswelt*, le « monde de la vie », vers ce qui est même sa définition : l'intention d'un accès aux « choses elles-mêmes ».

J'ajoute encore que ce qui m'a attiré chez Husserl est le dépassement de l'idéalisme solipsiste, la liaison à autrui, sa constitution, sa présence même, primordiale « en » moi. De sorte que l'antériorité, la primauté et la prévalence du groupe chez Fourier s'y trouvait comprise. Bref, il y a, entre la phénoménologie et un Fourier entendu d'une certaine manière, une sorte de pont théorique qui passe par « le concret », tel que l'avait défini Jean Wahl (directeur de ma thèse) et une « fin de l'ontologie » (titre d'un ouvrage du même) rendant leur accord, le passage de l'un à l'autre, cette cohabitation dont je parle, pas tellement invraisemblable ni scandaleuse.

Sans compter, je l'ai dit et écrit à plusieurs reprises, que je me suis préoccupé dès le début - contradiction encore, mais non incohérence - de porter Fourier au rang des philosophes, quelle que soit son aversion personnelle envers eux. Comme, en ce domaine, il y avait beaucoup à inventer, cela m'a donné l'*occasion* (à nouveau) de ne plus rester asservi à un auteur, à une recherche minutieuse et aussi fastidieuse qu'érudite, en histoire de la philosophie. Fourier m'a permis d'être, autant que possible, moi-même. Ou, comme l'a dit Deleuze, d' « écrire par moi-même », de « parler en mon propre nom ».

T.F : Précisément, ce qui semble ressortir avec acuité du rapport de votre vie à votre œuvre, c'est, entre autres choses, l'élément salutairement atypique. En effet, alors même que vous avez reçu une formation des plus brillantes et des plus académiques, alors même que vous avez fait carrière à l'université, il semble que votre réflexion a pris brusquement (ou progressivement) un virage décisif en s'orientant vers une philosophie à contre-courant de la philosophie universitaire et académique, en portant sur le devant de la scène un auteur finalement assez méconnu en France et perçu injustement comme mineur, ainsi de Fourier. Comment qualifier et comprendre cette connivence bien perceptible entre Fourier et vous ? Et qu'est-ce que Fourier a encore à nous apprendre aujourd'hui ?

R.S : Je tâche encore de répondre le plus clairement possible à un questionnement multiple et complexe. La réponse ne peut être une, univoque, unilatérale ; et ce n'est pas inutile redondance verbale, mais parce qu'elle aborde un domaine où les débats ne me concernent pas seulement moi-même, mais toute une époque, une période ou une génération.

J'appartiens, en effet, à une génération (je préfère choisir ce mot, mis en valeur et analysé en particulier par Wilhelm Dilthey) qui s'est interrogée sur la pérennité de La Philosophie ; et pas seulement sur une prétendue philosophie immuable (qualifiée de *Philosophia perennis*, justement), mais de la philosophie, de la pensée philosophique en général, dont on a même proclamé et désiré la « mort ».
Le temps de « la mort de la philosophie » était -il arrivé ? Devait-elle céder le pas à « autre chose » ? Que ce soient les sciences ou l'histoire, le « réel », le monde dans sa concrétude, au questionnement que l'on trouve déjà chez Hegel, « dernier des philosophes », ou chez Marx, le monde transformé devant se substituer au monde interprété. Plus récemment, c'est surtout à propos des « Sciences humaines » que s'est posée cette question qui, sur un autre plan parallèle, concernant non « la philosophie » en entier, mais un des ses aspects, une de ses parties, s'est exprimée comme « la fin de la métaphysique » opposée à une « ontologie » plus ou moins fondamentale.
On pourra placer là le nom de Heidegger, mais aussi celui de Foucault, ainsi que les diverses modalités du marxisme, et ceux qui ont été marqués par la psychanalyse, etc. Simultanément, il s'est trouvé que, de manière curieuse mais bien compréhensible, des penseurs non philosophes - j'entends n'exerçant pas la profession universitaire d'enseignants de philosophie - se sont trouvés promus au rang de philosophes : Nietzsche, Freud - j'ajoute Lacan -, et d'autres, à la suite, pouvant se mettre sur les rangs, tels que, dans la philosophie de Gilles Deleuze, D.H. Lawrence, Herman Melville, Kafka ou même Proust.
Il y a donc à la fois contestation de la philosophie dans son ensemble, et extension de sa compréhension conceptuelle.

Le cas de Nietzsche étant exemplaire, paradigmatique. En effet, sa « promotion » philosophique est toute récente. Dilthey, dont j'ai cité le nom à propos de « génération », ne l'admettant pas encore parmi les philosophes. Et il est, entre parenthèses, tout à fait significatif qu'une bibliothèque comme celle de l'ENS-Ulm ait classé son œuvre dans la « littérature » et non la philosophie allemande.

Alors, vous m'interrogez sur Charles Fourier, et je pourrais répondre que je n'ai fait que suivre le mouvement. D'une part, celui de la « problématisation » de la philosophie, d'autre part, celui de la promotion d'un auteur en marge.

Problématisation : en même temps que je commençais ma thèse, un de mes amis, camarade d'École très proche, Jean-François Ricard (Revel) faisait paraître le pamphlet très caustique *Pourquoi des philosophes ?* Michel Foucault choisissait de travailler du côté de la Psychologie, avant d'inventer, à son propre usage, une discipline nouvelle ; François Châtelet attaquait, de manière également critique et virulente, *La philosophie des professeurs* ; Deleuze, dans la Préface de *Différence et répétition*, revendiquait les droits d'une philosophie « pop » écrite à la manière d'un roman policier, tout en affirmant n'avoir jamais adhéré à la crise de la métaphysique. Mais, quelques années plus tard, cette effervescence que l'on pourrait appeler celle d'escarmouches anti-philosophiques -et auxquelles on pourrait associer l'élaboration de la « non-philosophie » de François Laruelle, a paru s'apaiser ; mais surtout en face d'un danger auquel il fallait parer de façon urgente : celui du risque de la disparition de l'enseignement philosophique dans le secondaire ou, au moins, son érosion et son affaiblissement. C'est alors qu'une défense de la philosophie s'est imposée.

Mais cette défense pragmatique de l'institution universitaire est loin d'avoir éliminé la pertinence d'un questionnement. Et celui-ci reste toujours de mise devant la prolifération actuelle d'une sorte de philosophomanie implantant dans tous les coins et à toute occasion, installant (à la manière des œuvres dites d'art) philosophes nouveaux, discussions et cafétérias philosophiques. Bref, inutile d'insister, mais peut-être faut-il mettre en garde contre cette excessive popularisation de la philosophie, d'apparition récente : une philosophie marchande.
Il me suffira de dire, pour dissiper toute équivoque sur ma position actuelle, que j'adopte pleinement la défense de la philosophie telle qu'elle a été définie naguère autour de Derrida et que je fais mienne une heureuse formule de Félix Guattari servant de titre à un petit opuscule paru peu avant sa mort : *La philosophie est essentielle à l'existence*. Seule, elle peut défendre la pensée contre les certitudes hâtives et limitées des sciences positives, humaines en particulier ; elle est indispensable à la vie, à la vie quotidienne qu'elle accompagne, élargit, allège et ne cesse d'agrémenter. Car il ne s'agit pas de trouver simplement en elle un appui, mais une manière d'être, un style. Un vivre avec. Vivre avec la philosophie, au sens où Roland Barthes a écrit un « Vivre avec Fourier ».
Avec Fourier, justement. Pour moi, vivre avec la philosophie, c'est bien *Vivre avec Fourier* ; pour toute la foisonnante richesse qu'on trouve en lui. Sur tous les plans, allant de l'analyse de soi à la perspective d'une société possible, à une insertion dans l'Univers, à un accord, une nouvelle alliance avec lui. C'est à cause de cela que je traite Fourier en philosophe ; que je peux interroger les autres philosophies en m'appuyant sur lui, même si je me donne la licence d'introduire en lui des concepts qui ne sont pas les siens mais qui peuvent lui

convenir en l'éclairant. J'ai cité Félix Gattari, mais sans le séparer de Deleuze et, entre les trois, j'aime à créer souvent un chassé-croisé, des aller-retours.
Je vais vite et laisse de côté des choses intéressantes que vous avez écrites dans votre question, quitte à les reprendre : comme celle de « contre-courant » de la philosophie, ou celle le « mineur ». Contre-courant, oui et non ; le courant contre lequel va Fourier est celui des Encyclopédistes des Lumières, de leur vision abstraite, transcendante, de la Raison et de son Progrès. Mais, précisément, la ou les philosophies contemporaines se sont constituées contre ces idées prises dogmatiquement : elles seraient donc, au contraire, particulièrement disposées à accueillir Fourier (ce qui est vrai, au demeurant pour Deleuze et Guattari).
Non, le problème est surtout que Fourier ne parle pas le langage philosophique, que sa formation philosophique, en ce sens, est très limitée. De fait, il n'a suivi que les cours de collège, il est autodidacte ; il s'inspire, dans le meilleur des cas, pour apprécier « la philosophie », d'un ouvrage contemporain de Dutens[1], démontrant que les philosophes modernes n'ont rien apporté relativement aux anciens. Idée un peu courte, mais pas sans intérêt. Quant à « mineur », il prendrait, à mes yeux, une valeur très positive, si je me réfère à l'éloge qui est fait de la « littérature mineure », dans le *Kafka* de Deleuze et Guattari. Oui, c'est vrai ; on peut dire, en ce sens, que l'œuvre de Fourier vaut essentiellement en tant que « mineure » ; une qualification lui convenant bien plus qu' « utopique », terme trop vague et passe-partout ; tandis que « mineur » exprime bien cette position en marge de

---

1 Louis Dutens, *Recherches sur l'origine des découvertes attribuées aux modernes*, 1766.

toute catégorie politique en son temps comme dans le nôtre, et qui s'applique à des forces travaillant la société, souvent secrètes, mais omniprésentes et incoercibles, celles des passions. Il faut ajouter l'universelle présence, la « majorité de cette minorité » qui a mis Fourier à l'abri, en quelque sorte, des discrédits politiques, des avatars du politique et lui permet de survivre jusqu'à nous. Ce qui permet cette étonnante résistance, ces résurrections périodiques de la pensée de Fourier.

Ce qui frappe sans doute le plus le lecteur d'aujourd'hui, dans Fourier, est la multiplicité de ses « entrées ». Je me suis plu, à plusieurs reprises, à confronter son œuvre avec *Les trois écologies* ou *Chaosmose* de Félix Guattari. Trois écologies, la naturelle, la sociale, la mentale, ce qui compte chez Fourier étant l'harmonie de l'homme avec son milieu, par quoi il faut entendre aussi bien le milieu extérieur, caractérisé, de nos jours, par « la détérioration matérielle de la planète », corruption des sols et des climats, déforestation, la responsabilité universelle de l'homme, sa mauvaise organisation sociale et sa mauvaise « gestion » des relations humaines avec la terre ; mais aussi absence d'une harmonie ou d'un équilibre mental permettant d'avoir accès à l'harmonie sociale, au bonheur. Tout cela est présent chez Fourier, avec le rappel, à toute page, de la possibilité, mieux, de l'exigence d'un « Nouveau monde » fondé sur la satisfaction de toutes les passions dont le « pivot », amour et amitié, est au principe d'une « hospitalité universelle ».

Il ne faut pas dire que Fourier a « encore » de quoi nous éclairer, mais qu'il a mis en relief des conditions incontournables d'existence, des impératifs sociaux dont nous commençons à peine à prendre conscience.

A côté de cette exigence écologique que je viens de citer et qui pourrait s'énoncer : on n'exploite pas la terre et ses

ressources impunément, détruire l'environnement naturel est un crime, il faut penser également la cohésion étroite qui existe, dans les sociétés humaines, entre les problèmes concernant les sexualités et les amours et ceux de l'ordre économique, production et consommation. « Tout est solidaire en matière de mouvement », les « mouvements » étant ceux qu'exercent les « attractions passionnelles », à l'instar de l'attraction des corps physiques découverte par Newton.
Dans cette lancée, Fourier fut le premier et certainement le seul de son époque et pour un long temps encore, à avoir fait graviter la libération sociale autour de l'émancipation des femmes et, particulièrement, de leur liberté amoureuse ; à avoir centré les principes de l'éducation des enfants autour, non de la contrainte et des punitions, mais des centres d'intérêt et de « l'éveil ». Entreprise, on le sait, on ne s'en aperçoit que trop, toujours à refaire, tant est constamment différée, contrée, une rupture avec les hiérarchisations, segmentations, stratifications de tous ordres dans les sociétés dites civilisées qui continuent à former notre unique horizon.

Vivre avec Fourier, vivre philosophiquement avec lui, c'est, au contraire, offrir à nos sociétés bloquées les perspectives inventives qui leur manquent. C'est apprendre à se porter toujours au-delà des limitations artificielles, des contraintes imposées. C'est avoir l'audace - ou tout simplement, l'idée, l'imagination - d'inventer des modalités encore inexplorées d'être ensemble, inventer des sociétés nouvelles. Nouvelles, mais déjà présentes en puissance, virtuellement et sourdement animées - ce qui fait leur force - par l'immensité de nos désirs encore insatisfaits. Je l'ai déjà indiqué et je le reprends : il y a de l'utopie chez Fourier, certes ; mais ses propositions reposent sur l'observation du réel. Nul meilleur observateur que lui des « mœurs » de son temps, des « mœurs secrètes » qui sont toujours les vraies, les plus puissantes. Son utopie, sa découverte, a été que l'on pouvait, que l'on devait fonder sur elles, libérées de toute contrainte et combinées, une harmonie sociale, un « ordre sociétaire » en lequel il a su voir et décrire, en face et en place de la Civilisation partout en échec, la destination humaine. « Les attractions sont proportionnelles aux destinées », formule de sa philosophie, à la fois théorique et pratique, pouvant servir de base à une philosophie encore à la recherche de son orientation et de sa fin, pouvant donner un sens à « la philosophie qui vient ».

T.F. : Pour aller plus loin encore dans l'effort de présentation ou de restitution de la pensée étonnante de Fourier, existe-t-il chez l'inventeur du phalanstère une réflexion sur la question du punir ? Si tel est le cas, comment s'articulent les prétendues formes de la déviance, de l'anormalité, de la transgression avec l'harmonie sociétaire ? Ces formes même sont-elles possibles et concevables dans cet ordre de vie fondé sur la liberté et le respect mutuel ?

R.S. : Oui, vous touchez bien là au cœur de la pensée de Fourier, qui repose tout entière sur la mécanique des passions, et sur l'invention de l'ordre social (ou sociétaire) permettant de la développer sans heurt, harmonieusement. Pour lui, « il n'y a pas de passion mauvaise, il n'y a que de mauvais développements » ; règle d'or de l'éducation harmonienne. L'ordre collectif ne repose pas sur la punition, la contrainte, ou, dit d'une autre façon, la morale. Il n'y a pas de morale, mais des « agencements » mécaniques ou machiniques - on remarquera, entre parenthèses, combien ces expressions avoisinent celles que Deleuze et Guattari utiliseront dans *L' Anti-Oedipe* - favorisant le plein essor de passions qui, contrariées, seraient antagonistes et se trouvent à la racine de tous les vices et malheurs sociaux. Tout, chez Fourier, est affaire de mécanisme, mouvement, « marche ». Libérer, intensifier les passions, c'est tout le contraire que les livrer à un cours anarchique. C'est en civilisation, dans l'ordre actuel des choses, que les passions sont anarchiques et, par suite, antagonistes, résultat des contraintes ou « engorgements » qu'elles subissent dans les institutions telles que famille, école, armée, et aussi État qui les couronne. Les institutions nouvelles de l'ordre sociétaire, les « séries » passionnelles libèrent, mettent en mouvement trois passions qui, en civilisation, restent à l'état latent et ne trouvent pas à s'exercer : *l'alternante* ou *papillonne*, *l'intrigante* ou *cabaliste*, *la composite* ou *engrenante*. Il ne s'agit pas d'une affaire de terminologie, mais de constatations très simples :

- ce qui rend le travail fastidieux, épuisant, qui rend la condition ouvrière intolérable, est la longueur des journées, la monotonie d'une tâche unique à laquelle l'ouvrier est asservi. Le changement ou alternance est déjà, par lui-même, facteur d'émancipation ; il élimine les maux et violences qui sont les conséquences de l'asservissement au travail ;
- de même, la rivalité ou émulation, qu'il ne faut pas confondre avec la concurrence commerciale telle qu'elle est entendue dans la violence de l'ordre (ou plutôt désordre ou « ordre subversif » civilisé), engendre le plaisir que l'on peut prendre à une activité productive ; c'est l'œuvre de la « cabaliste » ;
- associer au travail d'autres passions, en particulier celle de l'amour au sein du groupe « industriel », fait de celui-ci

une joie ; c'est le résultat de la « composite », agent caractéristique de ce que Fourier appelle les « ralliements passionnels » ou mise en mouvement simultanée de plusieurs passions ; tel, pour lequel un travail paraîtrait répugnant, l'accomplira volontiers avec son amante, son amant ou son ami.

On voit que la mécanique passionnelle de Fourier n'a rien d'une invention arbitraire. Elle est, au contraire, prise dans tout ce qu'il y a de plus concret, dans l'observation de la vie quotidienne. Seulement, ce qui, dans la pratique civilisée, est exceptionnel ou interdit par une réglementation contraignante (par exemple, l'amour au travail) est favorisé par l'organisation sérielle, le « nouvel ordre industriel » qui est aussi un « nouvel ordre amoureux ». De ces quelques indications découlent deux remarques :

- sur l'a-moralité ou l'immoralité de Fourier : « immoral », il l'est au sens de Nietzsche : « nous, immoralistes ». Avec cette différence que Nietzsche reste, à tout le moins, ambigu sur une notion de « puissance » qui peut fort bien signifier une domination sur autrui. Alors que, dans l'ordre fouriériste, la puissance n'est jamais individuelle, égoïste, mais collective. Elle s'accroît selon le nombre ou la « masse », et l'individu trouve dans son semblable son complément, son adjuvant, non un adversaire. Au-delà de l'égoïsme, du moi, les passions convergent et se portent à la plus haute puissance dans l' « unitéisme » qui est la passion non égoïste dans laquelle se « subliment » toutes les autres ;
- seconde remarque sur le fait que cette mécanique passionnelle, dont la fin est l'harmonisation des « machines de désir », intensifie les passions au lieu de les « purger », comme dans la morale et les philosophies traditionnelles qui se méfient des passions et ont pour but

de « changer l'homme » en faisant advenir son être rationnel et moral. Pour Fourier, l'homme est un ; il n'est aucunement question de « changer l'homme » ni de « changer les passions ». Bien au contraire, c'est avec l'aide des passions que les résultats d'harmonie, de pacification collective, que souhaite ordinairement la morale, sont obtenus. L'émancipation de l'attraction passionnelle réalise ce que la contrainte n'a jamais pu obtenir. L'exemple le plus frappant est celui de l'éducation harmonienne. Après avoir recensé tous les échecs éducatifs, Fourier expose sa méthode de « ralliements passionnels » qui agissent par « entrave levée », émulation et « illusion » créées, c'est-à dire promesse d'honneurs et de fonctions sociales. Ce qui, au regard des échecs éducatifs dans les sociétés actuelles, signifierait la levée des punitions et des contraintes, et la canalisation des impulsions violentes et destructives par des travaux socialement utiles accomplis au sein de groupes unis par des liens affectifs. Principes, on le remarquera, qui ont été, d'ailleurs, généralement adoptés par la plupart des pédagogues contemporains, mais jamais, ou imparfaitement, mis en application. Sur ce plan encore, la pensée de Fourier est loin d'être irréaliste, elle a seulement toujours dû céder le pas aux habitudes et aux forces conservatrices, aux pesanteurs institutionnelles. Ce sont bien, toutefois, des réformes institutionnelles que, dès le début du XIXe siècle, elle a préfigurées, en marge du politique, d'une égale urgence que lui, mais ces réformes ont toujours été différées au nom d'autres urgences prétendues.

Voilà pour cette question. J'ajoute, ce qui me semble aller de soi, mais qui va mieux en le disant que, pour « le » philosophe, et pas seulement pour Fourier, il n'y a jamais eu de Mal en soi, pure négativité. Le mal est ignorance, mauvaise orientation de puissances ou forces toujours positives. Ce que l'on peut lire chez Socrate (« nul n'est mauvais volontairement »), les stoïciens ou Spinoza. Fourier reprend cette tradition, même s'il ne se rattache pas à un système philosophique défini ; pour lui, la notion du mal est essentiellement reliée à la religion, aux terreurs qu'elle engendre, aux punitions dont elle menace. En ce sens, tout en rejetant la philosophie des Lumières, il est bien homme des lumières, au sens où il dégage l'homme de toute culpabilité originaire, où il le libère de « l'univers morbide de la faute ».

T.F. : Chez Fourier, il semble, en effet – et vous le montrez très bien notamment dans Charles Fourier ou la contestation globale *(Séguier, 1996), à travers la notion d'utopie -, que, en un sens, la passion, une fois bien comprise, orientée, déployée, libère de la passion, qu'elle favorise l'actualisation d'un certain nombre de potentialités positives et qu'elle permet d'accéder à des formes excellentes d'humanité. Dans ce schéma, quelles peuvent être les pratiques nouvelles ou désirables de la prise en charge de ce que l'on appelle, de façon par trop stigmatisante aujourd'hui, la délinquance ?*

R.S. : Le mot passion ne doit pas faire obstacle ni prêter à confusion, à contresens. Fourier l'utilise dans un sens qui est, certes, différent de celui que lui donnent Descartes et les autres métaphysiciens, s'attachant à la racine, à l'étymologie de la « passivité » mais qui n'est pas tout à fait insolite ni contradictoire avec celui-ci. Car Descartes accorde une positivité au corps et aux passions de l'âme qui lui sont associées. Mais, en gros, et dans les résultats pratiques, il y a bien, entre eux, une différence essentielle. Et qui se trouve même chez Spinoza, le plus proche de

Fourier. Les passions, chez lui, étant étudiées avec la « servitude humaine », dont mis au rang et au compte de la passivité qui est en nous. Alors que, sous passion, dans la pensée de Fourier, il faut lire toujours action. Action, ou ressort, ou moteur de l'âme (et du corps, indissociable). La passion est active et si elle est aussi, sous un certain angle, « passive », c'est en tant qu'attraction. Force attractive entre les corps, comme celle qui existe entre les astres. Elle est, d'ailleurs, non seulement humaine, mais cosmique, universelle. Le corps renvoie à l'âme et inversement. Ce ne sont pas des substances séparées, comme chez Descartes. J'ai dit Spinoza, le philosophe dont il se rapproche le plus (implicitement du moins, car, encore une fois, il n'y a pas de référence philosophique chez Fourier). La passion, c'est « l'attraction passionnelle ou passionnée », l'énergie de l'Univers.
Cela dit, vous parlez de « délinquance ». Mot récent dans son usage du moins. Fourier, avec son temps, préfère le mot de « crime », appliqué un peu à tout, et surtout dans le domaine sexuel. Sur ce point et ce plan, il se rapproche de Sade. Je vais y revenir. Tenant à préciser d'abord une « délinquance » qui, surtout à propos des jeunes pour lesquels elle est le plus fréquemment utilisée, n'est pas simplement un fait constaté, mais une véritable « production » ; j'irai jusqu'à dire, non seulement une pratique, mais une « institution ». Je m'explique et, en ce domaine, je m'appuie sur Foucault dans *Surveiller et punir*. L'ordre social (ou désordre) moderne et contemporain, avec, d'abord l' « enfermement », la méthode, à la fois, coercitive et pédagogique de la prison, a créé une véritable catégorie et presque une classe d'individus particulièrement enclins aux infractions : des délinquants actuels ou potentiels. Pour les jeunes en particulier, les enfants, on ira jusqu'à parler de

« délinquants en puissance », inventant le cocasse « pré-délinquants ». Ce qui est la conséquence de la cascade d'exclusions dont une partie de plus en plus grande de la population est victime : pauvres, immigrés, etc., ainsi que de l'accroissement des biens de consommation, de la distance, elle aussi croissante, entre l'accumulation des richesses entre les mains d'une petite fraction sociale, et l'appauvrissement du reste. Comme, vers la fin du XVIIIe siècle, l'écrivait Volney, à la base de tous les crimes, individuels ou collectifs, il y a la cupidité. Cela reste valable, est de plus en plus vrai.

Vous demandez quelles seraient, selon Fourier, les punitions de la délinquance. Ce n'est pas là son problème, c'est un faux problème (au sens qu'a donné Bergson à cette expression). Le vrai problème est - et reste, d'ailleurs - la prévention. Concevoir une société telle que la délinquance n'y soit plus possible. Ou encore, ne pas désigner comme crime ce qui ne l'est en aucune manière. Voilà deux points (je vais m'en tenir là), à partir desquels on peut comprendre Fourier. La société sans délinquance, c'est celle où tous ont accès à tous les biens qu'ils peuvent désirer, et sur tous les plans désirables. C'est l' « Harmonie universelle » : à l'incommensurabilité des désirs associer les moyens de les satisfaire ; quant à la décriminalisation des crimes prétendus, Fourier l'a pratiquée à la manière de Sade dans *La philosophie dans le boudoir* et la harangue « Français encore un effort si vous voulez être républicains », lorsqu'il passe en revue le vol, l'adultère, la pédérastie, etc. Seulement, Sade maintient la puissance transgressive et asociale du crime en tant que tel, tandis que Fourier fait apparaître en lui ce qu'il y a de positif et d'accroissement de l'énergie. Le vol, l'ordre sociétaire harmonique ne le généralise pas, comme le fait Sade, mais l'abolit avec la propriété individuelle, chacun, dans cet « ordre combiné » pouvant disposer de tous les biens de la collectivité ; l'adultère devient impossible alors qu'il n'y a plus de « mariage exclusif », et... il y a renversement des valeurs, comme dira Nietzsche. Ce que Fourier oppose à une société réglée sur le maintien de la propriété privée, l'individualisme et le « quant à soi », c'est une société, non pas exactement « communiste », le mot impliquant pour lui un nivellement par le bas, mais de partage universel, où « la vertu », le bien à opposer aux crimes est « l'accroissement, la multiplication des liens sociaux ». Tout ce qui isole est mauvais ; ce qui unit est bon. Il faut ajouter, si l'on veut savoir tout de même comment Fourier traiterait une infraction éventuelle, les préceptes que j'ai déjà indiqués plus haut qui ont leur point de départ et leur principe dans le « ralliement passionnel ». C'est-à-dire, toujours, non pas punir, contraindre et enfermer, mais libérer les passions de leurs entraves, ouvrir sur le dehors et sur les autres, multiplier les issues passionnelles et les liens. Au quant à soi, opposer l'expansivité, l'ouverture à autrui.

*T.F. : Michel Foucault a écrit, il y a plus de trente ans, qu'il y avait lieu de « repenser toute l'économie du punissable dans notre société « (*Dits et écrits, *Gallimard, texte 298)*[2]*. Que pensez-vous des mesures et sanctions pénales d'aujourd'hui ? Et par « économie du punissable », que convient-il d'entendre ? S'agit-il du « droit de punir », du « pouvoir de punir » - si tant est qu'ils ne soient pas équivalents ou à mettre sur le même plan – ou s'agit-il de tout autre chose encore ?*

---

2 Voir « Michel Foucault : il faut tout repenser, la loi et la prison » dans *Dits et écrits*, Tome IV (1980-1988), Paris, Gallimard, 1994, pp. 202-204, ou dans la réédition des *Dits et écrits*, Tome 2 (1976-1988), Paris, Gallimard, 2001, pp. 1021-1023.

R.S. : Avant toute recherche, je pense que le mot « économie » recouvre un champ plutôt large correspondant à peu près aux « délits et aux peines » dont a traité Beccaria ; mais il faudrait vérifier. Quant au droit d'aujourd'hui, j'ai du mal à me prononcer sur lui, car il change, pourrait-on dire, à tout moment, pour s'étendre et s'aggraver, ce qui est peu réjouissant, mais je ne le connais pas bien, n'étant pas juriste. N'ayant pas pu trouver en bibliothèque le tome IV des *Dits et écrits* de Foucault qui, d'autre part, n'existe plus en librairie, et qui est remplacé par une autre édition, je me contente de ma première lecture et de ce qu'il s'agit bien, chez Foucault, des « délits et des peines » tels qu'entendus par Beccaria. Je ne sais pas quel commentaire vous désirez que je fasse, mais je ne peux que répéter ce que l'on sait déjà : que la question de la prison a préoccupé Foucault dès qu'il s'est intéressé à celle du pouvoir et de son exercice. Dès la première heure, il a fait partie des comités de défense des prisonniers, du groupe dont Deleuze a pris l'initiative pour donner la parole aux prisonniers. J'ajouterai, car c'est peut-être moins connu, qu'il a été entendu par une commission officielle, celle de la révision du Code pénal, siégeant dès la fin des années 1980, pour y exposer des problèmes concernant la définition et la pénalisation de certains délits en crimes, en particulier ceux traitant de la sexualité dite « contre nature » ; en mettant l'accent sur leur irrationalité, leur formulation ne correspondant plus à l'ordre des connaissances. Mais cette intervention qui a eu lieu, je crois, un peu avant 1980, si tant est qu'elle ait eu une influence sur le nouveau Code pénal en cette matière, dans la suppression, en 1981, du paragraphe de l'article 331 concernant les relations « contre-nature », n'a pu modifier une orientation générale dont le sens a été radicalement l'inverse des intentions et de la philosophie de Foucault.

Dans la rédaction définitive qui en a été votée en 1996, précisée, accentuée constamment depuis, le nouveau Code n'a cessé d'étendre le contrôle toujours à de nouveaux délits et crimes, et d'augmenter dans des proportions jusqu'alors inconnues, extravagantes, croissant de façon exponentielle, les peines d'enfermement. Comme si ceux qu'on appelle « le législateur » ne se référaient aux analyses de *Surveiller et punir* qui voient dans la prison la forme moderne et contemporaine du pouvoir, que pour justifier et légitimer la prison au lieu de la dénoncer. Paradoxe et imposture, à la fois. Dans un autre domaine, un peu analogue, d'ailleurs, on a bien tiré prétexte des études de Foucault, au Collège de France, sur le libéralisme et le néo-libéralisme, pour prétendre qu'il adhérait à un système dont il dévoilait les ressorts secrets et les faux-semblants. L'important, ici, me paraît être qu'il y a une connexion intrinsèque profonde entre la nature des délits ou crimes désignés par la loi et la forme des peines. Et que Foucault a bien révélé cette étroite correspondance, ainsi que la tendance contemporaine à passer de l'enfermement pur et simple à la permanence du contrôle. Ce passage, qui fait inventer par les réformateurs actuels la substitution à la prison, des « peines de substitution » ou les « bracelets », semblerait en contradiction avec l'autre tendance, la plus tangible et afflictive, à l'augmentation des peines de prison. Mais comme, en France du moins, la seconde continue à l'emporter largement et se trouve la seule appliquée pour les crimes sexuels, on pourrait plutôt parler de « double peine », comme celle qui concerne les étrangers délinquants.
On pourra en discuter, mais il reste que l'encadrement judiciaire (qui est aussi policier, bien que certains se plaisent, parfois, à distinguer police et justice) n'a jamais connu une telle ampleur, une telle tendance à l'expansion.

Enfin, Foucault ayant été évoqué, je dirai que, pour lui, moins comptait la forme des lois que la pratique, les modalités de leur application qu'il désignait sous le nom de « jurisprudence ». Et l'on sait que l'institution judiciaire étant, en elle-même, une des plus conservatrice et réactionnaire qui soit dans l'État, ajoute, à la rigueur législative, plus souvent sa propre pesanteur qu'un allègement.
Le moment dont je parle où Foucault est intervenu à la Commission de révision du code pénal est celui où l'on y discutait également du « viol », sous l'influence de la fraction du MLF, mouvement de libération des femmes qui, finalement, l'a emporté sur celle qui luttait pour une émancipation sexuelle d'un tout autre ordre que la mise à distance de nos propres corps (ou corps propres) relativement à ceux d'autrui. Victoire de la section puritaine du mouvement qui a été (vainement) dénoncée et brocardée, en autres, par Annie Lebrun (cf., *Soudain, un bloc d'abîme*, sur Sade) et Marcela Iacub (cf., de cette dernière, *Le crime était presque sexuel*).

T.F. : Vous évoquez, à juste titre, l'avènement et le développement des peines de substitution à l'incarcération comme le résultat de l'expansion de la société de contrôle. S'il est une peine de substitution qui, en France, a le vent en poupe depuis le début des années 2000, c'est le placement sous surveillance électronique. Comme vous savez, en tant que modalité d'exécution d'une peine d'emprisonnement, cette peine consiste, pour le condamné, à porter en permanence, 24h/24, un bracelet électronique à sa cheville et à observer une assignation à domicile stricte, selon un cadre horaire préalablement défini par l'autorité judiciaire, d'où il résulte que ce placement revient à exécuter une sorte de détention à domicile. Que pensez-vous précisément de cette modalité pénale qui équivaut à faire d'une maison un lieu de peine, un domicile une prison ? N'y a-t-il pas lieu d'y voir une dérive de l'institution punitive et une marche vers la disparition de la démarcation habituelle entre l'espace individuel et le territoire de l'État ?

R.S. : Seuls, en effet, les concernés peuvent légitimement répondre ; et je ne le suis pas directement – virtuellement ? Nul ne peut en jurer - et je ne donnerai qu'une opinion toute subjective. La liberté de mouvement étant inaliénable, et celle qu'offre le bracelet électronique à domicile étant malgré tout supérieure à l'enfermement pur et simple, il est incontestable qu'il y a tout de même un progrès positif en ce sens. Je compare à l'hospitalisation, ou aux soins à domicile. Les seconds sont évidemment préférables. Je prends un exemple que je connais un tout petit peu : celui de Toni Negri qui a été faire son temps de prison en Italie, en semi-liberté, y rentrant tous les soirs. Mais j'ignore s'il avait un bracelet ou non.
Et, dans un sens un peu analogue, celui de Pierre Clementi qui a dénoncé de toutes ses forces l'emprisonnement qu'il a subi, encore en Italie ; mais je pense que les horreurs de l'emprisonnement en France ne sont pas moindres.
Donc, il me semble que tout pas hors de l'emprisonnement total permanent est un mieux. Maintenant, j'admets entièrement vos réserves. Si l'on réfléchit au sens que prend le bracelet « de surveillance », il est, en effet, lisiblement, cyniquement, une extension générale de la « société de contrôle », son affirmation ouverte, comme l'extension du fichage, des caméras de surveillance. Le panoptique perfectionné, au centuple. Et, de ce point de vue, on peut se demander si la prison réelle, et même la geôle de l'époque « classique », n'était pas préférable,

permettant parfois l'évasion. Il en est de même, tant dans tous ces cas de progrès et d'humanisation apparente, qu'à propos de la peine de mort. La prison à perpétuité est tellement intolérable que certains qui en sont victimes ont, il y a peu, demandé le rétablissement de la peine capitale. Et on peut le comprendre. Maintenant, le désirer vraiment est tout autre chose.

T.F. : Dans la relation à soi et aux autres, comment analyser, sur un plan philosophique, l'intrusion du dispositif de surveillance électronique non seulement au domicile (lieu théoriquement dit « incessible », selon les constitutions occidentales), mais sur le corps propre ? L'emporter avec soi, le porter constamment sur soi, dans la vie quotidienne, dans la relation aux autres, dans les actes les plus banals de l'existence (comme se déplacer, dormir, faire l'amour, etc.), n'implique-t-il pas un autre rapport au monde, une aliénation du corps propre (au sens de Merleau-Ponty) ? Le bracelet électronique n'apparaît-il pas comme étant plus qu'un vêtement technologique, dans l'exacte mesure où il colle à la peau, puisque l'ôter sans autorisation équivaut, pour l'institution punitive, à une évasion passible de sanction ?

R.S. : J'adhère entièrement à votre analyse ; on ne saurait dire mieux. J'ajoute que cette intrusion de la loi dans ou sur le corps même, a été préfigurée dans l*a Colonie pénitentiaire* de Kafka (la loi inscrite sur le corps) et analysée au niveau médical et psychologique par Jan-Luc Nancy dans *L'intrus*. Une présence de « l'Autre » de sens ambigu en ce qui concerne l'effet médical, d'autre part, et qui s'apparente à la généralisation des prothèses affectant un corps encore qualifié de « propre » mais qui, partie par partie, ne nous appartient plus. Sans cesser d'être nôtre. Ou mieux, d'être « nous ».

On peut, évidemment, spéculer là-dessus et, loin de l'approuver, évidemment, le comprendre comme l'expression allégorique, allant sans cesse en s'amplifiant, d'une dépossession de soi ; aspect négatif d'une dissémination qui exprime, au contraire, la place progressivement et positivement croissante de l'Autre en soi. Envers et caricature de l'accueil, de l'hospitalité, comme l'est le parasite par rapport à l'hôte. Il reste que - c'est sur cela que je voudrais conclure - que, si j'avais à choisir entre le bracelet et la prison, je choisirais, c'est hors de doute, le premier. Seuls, d'ailleurs, les concernés, je l'ai dit, déjà, peuvent en parler en connaissance de cause. Mais, s'il y avait une consultation publique, je n'hésiterais pas, non plus, dans mon choix. Tout en sachant - et ce sont là les odieuses alternatives auxquelles nous sommes de plus en plus exposés – que cette intervention intrasubjective du contrôle au ras du corps, est, d'une certaine façon, aussi éprouvante et plus dangereuse que l'enfermement pur et simple.

T.F. : Aux fins de pousser le philosophe René Schérer dans ses retranchements, permettez-moi de soumettre à votre examen l'analogie suivante, que j'ai eu l'occasion de poser dans des travaux antérieurs, à savoir que : « Le placement sous surveillance électronique est à la prison ce que la prison est à la peine de mort ». Comment analysez-vous cette analogie ? Car, s'il est usuel de considérer la prison comme un progrès au regard de la peine de mort, il n'en demeure pas moins que, comme vous l'avez justement rappelé, il est, de fait, des détenus purgeant une longue peine qui ont appelé au rétablissement de la peine de mort, tant la vie en prison devenait un enfer accablant pour eux. De la même manière, il semble que l'articulation entre le placement sous surveillance électronique et la prison se présente sous le même rapport, puisqu'il arrive que des placés, au bout de quelques mois, ne supportent déjà plus les conditions de leur placement sur le dispositif de surveillance électronique et préfèrent, pour en finir, faire l'objet d'une incarcération. Comment expliquer pareille attitude ? Fondamentalement, quelle différence y a-t-il entre ces régimes de la punition ? Une différence de nature ou une différence de degré ? L'institution punitive propose-t-elle réellement autre chose à travers les peines dites de substitution, ou fait-elle, au fond, la même chose sous les dehors d'un changement ?

R.S. : Me voici bien embarrassé pour répondre, cette fois encore, puisque, comme je crois l'avoir dit, en cette matière, seuls les intéressés ont droit de réponse et que, d'autre part, il n'existe pas de rationalité absolue dans la question des peines. C'est une pragmatique qui, à la limite, n'admettrait de réponse qu'au « cas par cas ». La seule rationalité philosophique étant une société où il ne peut y avoir de crime ni d'infraction, donc où la notion de punition elle-même n'a aucun sens. Notion qui est toujours plus ou moins liée à celles de culpabilité, de faute originelle, de « dette » de l'existence envers un pouvoir transcendant, etc... Le seul problème philosophique sérieux est celui du « ralliement passionnel », ou réconciliation de l'individu avec la société, les autres auxquels son acte a porté atteinte. En ce dernier cas, d'ailleurs, il apparaît bien que l'alternative à la prison sera toujours un mieux, l'enfermement pur et simple n'ayant qu'un sens négatif de protection.

Vous me demandez s'il y a différence « de degré » ou « de nature » ; formulation bergsonienne (Bergson a dû certainement s'exprimer sur la question du châtiment, mais

je n'ai pas présent à l'esprit ce qu'il en a dit). Je répondrais la chose suivante : tant que l'on vise uniquement et négativement la protection de la société à l'égard de l'individu coupable, la différence entre les modalités de la peine est, sans doute, de degré. Mais elle est de nature si l'on pense que l'une joue davantage que l'autre un rôle de « réinsertion ». Et, en ce cas, il est certain que la différence est de nature, entre le négatif et le positif ; et le contrôle « libre » est préférable. Avec toutes les nuances, évidemment, que cela implique, dans cette pragmatique.
Mais, je le répète, pour être net, sans ambiguïté : dans la pratique actuelle où l'abolition pure et simple de la prison est l'idéal visé, à la fois par les prisonniers en majorité et les réformateurs, on ne peut qu'abonder dans le sens de la substitution de peine, même si elle donne lieu à des réflexions qui en amenuisent la portée. Voilà ; mais demandez ce qu'ils en pensent à Brossat, à Rancière, à Badiou, qui, plus que moi, ont réfléchi sur ces problèmes et ont même été engagés dans des actions.

T.F. : En matière pénale, et tout particulièrement en ce qui concerne l'institution carcérale, que pensez-vous de la confrontation entre, d'un côté, la position réformiste, qui pose qu'il convient de regarder la prison comme un « mal nécessaire » et, par conséquent, comme une institution qui, loin d'avoir à être évacuée, peut ou doit être, tout au plus, transformée, humanisée, et, de l'autre, la cause abolitionniste, qui juge, au contraire, indispensable et urgent d'abandonner le modèle carcéral perçu comme archaïque, sclérosé, contre-productif et défaillant ? Quel sens accordez-vous à la prison pour peine aujourd'hui, à l'intérieur des démocraties occidentales ?

R.S. : C'est une question mal posée. Le problème n'est pas là. On peut vouloir supprimer la prison, comme peine, en soi, inadéquate, tout en exigeant, pour l'instant, à la fois des améliorations de l'internement et des peines de substitution. Ces options ne sont pas incompatibles. Je l'ai déjà dit et redit, d'ailleurs. Ce n'est aucunement « un mal nécessaire », et il faut toujours avoir les yeux fixés sur une société possible sans enfermement. Mais sans cesser d'agir en vue des objectifs partiels qui sont proposés.

T.F. : A la lumière du concept ambigu d'utopie que vous avez magistralement élaboré dans un certain nombre de vos travaux, et notamment dans Zeus hospitalier, *quelle conception ou quel regard dégagez-vous de la prison contemporaine et, plus largement, de l'institution punitive ? Peut-on dire que la prison exprime, en quelque manière, la réalisation d'une forme d'utopie ?*

R.S. : Quant à la notion d'hospitalité, telle qu'elle a été exposée par moi, ou dans la série de colloques que lui a consacré Alain Montandon, en particulier, elle est évidemment le contraire de l'enfermement. Si la prison est une utopie, et elle peut l'être, à un certain point de vue, celui du rôle régénérateur qu'on lui avait assigné, au temps de Bentham et du panoptique, c'est d'une utopie négative, dystopie, qu'il faut parler. Cela n'a rien à voir avec *Zeus hospitalier.*

T.F. : La notion d'hospitalité, telle que vous l'entendez, est-elle plus proche de l'idée stoïcienne de cosmopolitisme (le citoyen du monde) ou de l'idée paulinienne de l'amour du prochain, de la fraternité ? Et si cette notion définit le principe absolu de tout accueil, si elle prend sens à partir d'une ouverture inconditionnelle à l'Autre, comment penser son articulation au phénomène de la délinquance ? Quand des politiques tendent effectivement à promouvoir l'idée d'un élargissement ou d'un durcissement de l'application de la déchéance de nationalité à l'encontre de délinquants naturalisés, dans quelle mesure et en quel sens le recours à une pensée de l'hospitalité permet-il de déterminer les conditions d'une résistance ?

R.S. : Vous avez raison de m'interroger sur les sources antiques de l'hospitalité ; mais je crois avoir déjà traité de cela dans mon livre et, à la suite, dans quelques articles. En particulier dans le *Dictionnaire de l'hospitalité* sous la direction d'Alain Montandon. J'avais été attiré, comme d'autres, d'ailleurs, par certains traits curieux de la notion ; comme, au premier chef, cette ambiguïté qui relie l'hôte, *hospes*, à l'ennemi, *hostis*, ou, en grec, *xenos* à *xenios* (un simple iota de différence !). Donc, ce qu'opère l'hospitalité est une manière de dominer ou de conjurer un rejet primitif d'autrui. Et j'y avais même vu ce qu'on pourrait appeler le processus le plus important de l'humanisation (ou hominisation, même, si l'on veut) d'un animal que l'on peut considérer comme, à la fois, errant et sédentaire, jamais solitaire, mais ne formant que de petits groupes.
La notion générale ou universelle d'humanité lui est primitivement étrangère, ou bien, s'il la formule, c'est pour caractériser son groupe : seuls « hommes véritables », comme se sont nommés les Yanomami de l'Amazone, et tant d'autres. On ne saurait donc séparer l'hospitalité de ce couple ambigu et de comportements répulsifs. C'est là un aspect, du couple « attraction-répulsion » à partir duquel peuvent se comprendre toutes les opérations et organisations humaines, animales, cosmiques, peut-être.
Pour en venir à votre question sur Saint Paul, donc, la pensée chrétienne en général, oui, l'hospitalité est liée à

l'amour chrétien du prochain, à la charité (*caritas*), aux Évangiles (celui, particulièrement, de Luc, avec la parabole du bon Samaritain), aux Épîtres de Paul (*Épître aux Romains*) ; mais elle n'en est évidemment pas issue. Son intérêt est de déborder le plan juridique et, tout à la fois, un humanisme simple auquel on a parfois (Alain) aimé à réduire (ou justifier) sa signification. Je cite Alain parce qu'il a, dans *Les dieux*, opposé l'Antiquité pré-chrétienne au christianisme : « Au chrétien qui donne au pauvre son manteau, le païen dit, dans sa profonde sagesse : tu as cru peut-être que c'était quelque dieu » ; « Non, répond le chrétien, j'ai cru seulement que c'était un homme ».

Mais Alain force les choses et les déforme. Car c'est aussi Dieu que la charité chrétienne cherche à travers le prochain (ce qu'on donne on le donne à Dieu) ; l'humanitarisme, si l'on peut employer ce mot païen n'était pas moins (ni plus) tourné vers l'homme. Par exemple, les historiens du monde antique ont démontré de longue date que la suppression de l'esclavage n'a jamais été due au christianisme, comme une légende l'a trop longtemps affirmé. Les explications historiques ne passent pas (ou plus) par cette opposition simpliste, païen, chrétien. La grande idée supranationale d'une citoyenneté du monde a été l'œuvre des Stoïciens et de Caracalla ; et consécutive au dépassement de la cité antique ou de l'extension à tout le monde connu des droits de la Cité. En ce sens, mon propos et mon intention me portent du côté des Stoïciens, d'un monde ayant fait « l'économie » du christianisme, comme l'avait imaginé Renouvier dans son *Uchronie*, qui aurait évité croisades et guerres de religions, toutes les catastrophes de plusieurs siècles. Mais, d'autre part, en évitant les errements et les crimes du christianisme, une telle Uchronie ne peut, à mon avis, éviter un

appauvrissement du sens. Indépendamment d'un aspect esthétique irremplaçable, le christianisme a sans doute apporté ce dépassement, ce débordement du juridique, comme je l'ai déjà indiqué. Débordement que suggère, si elle ne l'accomplit, l'idée de charité et d'amour du prochain. Ou, paradoxalement, car le contraire s'y trouve aussi impliqué, d'un *lointain* au-delà d'un usage trop humain et limité de la raison.
Quant à la délinquance dont vous me demandez ses rapports à l'hospitalité, je rappellerai que le plus célèbre, le plus attachant peut-être, le plus « parlant » des philosophes, Socrate, fut un délinquant, condamné à mort. Il rejeta la possibilité offerte de s'enfuir, au nom de l'obéissance aux lois dont le *Phédon* de Platon rappelle la prosopopée. Geste qui fait de la philosophie, un peu trop, la servante de la Cité, du politique. Peut-être eut-il tort et eût-il dû se préserver, poursuivre son enseignement, loin d'Athènes, ailleurs, pour ses disciples, pour nous.
Socrate a refusé de s'enfuir et, préférant la mort pour obéir aux lois, a sanctifié la Cité ; ce en quoi il a certainement eu tort, mais a fourni aux siècles un exemple d'obéissance civile. Toutefois, la Grèce pratiquait aussi l'ostracisme, la proscription, l'exil, à titre de sanction, le bannissement. Pour certains délits ou crimes, le monde moderne les a pratiqués également, jusqu'à une date récente. L'exil peut se comprendre, à titre d'alternative ; et surtout dans une perspective cosmopolitique. Plutarque en a traité, sous le titre *Peri phugès* (De l'exil). L'alternative laisse à choisir entre la peine d'enfermement ou le bannissement. Mais plus aujourd'hui où, sur une planète quadrillée, il n'y a plus de « dehors » ou presque.
L'individu est partout traqué, pourchassé. Il n'y a pas d'alternative à une peine, mais double peine. Il va de soi que l'on ne peut que refuser une telle figure. Sur ce plan

encore, je renvoie à l'appréciation des acteurs ou patients eux-mêmes, s'ils avaient la possibilité de choisir entre l'accomplissement d'une peine ou l'exil. Les Italiens qui furent condamnés au moment des procès de l'extrême-gauche avaient eu, pour certains, la possibilité de trouver asile en France. Parmi ceux-ci, certains encore, dont Toni Negri, ont préféré régler le problème une fois pour toutes, en revenant accomplir leur peine ; tourner la page. L'expression me semble bonne : une justice qui permet de le faire offre la solution la meilleure, même si elle n'est pas excellente. Car l'amnistie eût été préférable. Socrate en fuite eût changé peut-être la face de la philosophie.

T.F. : Vous semblez caractériser la notion d'hospitalité par-delà la seule référence à l'État ou à la citoyenneté. Peut-on dire, en définitive, que vous êtes moins proche d'une hospitalité réelle, qui s'adosse nécessairement à des lois et à des rites, que d'une hospitalité idéale ou idéelle (voire utopique), qui, ne reposant sur aucune règle souveraine limitative, maintient, au contraire, un principe d'ouverture inconditionnelle à l'arrivant, au réfugié, à l'exilé ? Au fond, votre pensée de l'hospitalité ne se veut-elle pas pure et désintéressée, et donc hétérogène au politique ?

R.S. : Oui, c'est tout à fait cela, vous avez vu juste ; l'hospitalité, telle que je la conçois et la traite, n'entre pas dans le cadre du juridique, du droit ; elle le déborde de toutes parts et joue le rôle de l'Idée ou, si l'on veut, de l'idéal relativement à une réalité empirique et limitée. Elle est l'illimité.

Mais je désire, cependant, apporter quelques éclaircissements ou compléments. Je les repère au hasard, mais on pourrait, peut-être les classer et, si je ne le fais pas ici, c'est qu'il y faudrait une rigueur, peut-être, dont je ne me sens pas capable pour l'instant. Je prends donc, en premier lieu, la différence entre hospitalité et droit. Je l'ai trouvée chez Proudhon, et elle m'a d'abord retenue, parce qu'elle touche à une différence très générale entre Proudhon et Fourier qui deviendra vite une opposition. On le sait, Proudhon, gagné tout d'abord au fouriérisme, a pensé le préciser, le théoriser relativement au « politique ». Introduisant des idées et une orientation qui ne sont pas chez Fourier : la Justice, l'anarchisme, le fédéralisme ; tout en abandonnant l'attraction passionnelle, en particulier, mais pas seulement, sur le plan des relations amoureuses ; restituant les cadres et rôles de la famille, du père, de l'homme et de la femme, etc. L'hospitalité est un peu entraînée par le même courant. Si j'en parle, c'est parce qu'il en parle explicitement. L'hospitalité fouriériste, ou fouriérienne, cette « hospitalité universelle » pratiquée en Harmonie qui fait que tout un chacun trouve partout un accueil égal et une égale satisfaction de ses passions, est rejetée par Proudhon justement parce qu'elle relève de cette logique passionnelle. Elle n'a pas besoin de continuer à être pratiquée, du moment qu'elle se transforme en droit. Et il cite, à l'appui, la disparition, dans les sociétés modernes, de l'hospitalité antique relevant de l' « acte individuel » d'un hôte qui disparaît avec l'hôtel que chaque voyageur trouve aisément à l'étranger. « Quand j'ai dû m'exiler à Bruxelles, écrit-il, j'ai trouvé moi-même un hôtel, j'ai usé d'un droit, je n'ai pas eu à demander l'hospitalité ». Je cite approximativement, de mémoire et, tout en écrivant, je m'aperçoit qu'il ne se pose pas la question de savoir si l'on ne peut pas parler, en ce cas, de l' « hospitalité » que la Belgique a offerte, sous le second Empire, aux exilés français (ou, de la France même qui, en d'autres occasions, faisait jouer un « droit d'asile »). Mais c'est dans le cadre de l'exposition d'une décomposition universelle des Nations en Cités, seule unité politique constitutive, dont tout un chacun, à son arrivée, sera citoyen, de plein droit.

Il serait trop long de m'attarder là-dessus ; j'en ai traité dans *Zeus hospitalier.* Ce que je veux dire est qu'une différence de nature (je ne dis pas dialectique, Proudhon ayant rejeté celle-ci) existe entre hospitalité et droit. La première relevant de tout l'élément affectif, irrationnel, subjectif que Proudhon entend exclure dans son ordre politique et rationnel ; et qu'il attribue, pour le rejeter, à Fourier. Or, c'est précisément cet « irrationnel » (je le mets entre guillemets, car il se rapporte, comme chez Pascal, à une autre conception de la Raison) que j'entends déceler et conserver avec l'hospitalité. Celle qui n'est pas épuisée, réduite ou éliminée avec la Loi civile, mais dont les « lois », si l'on peut en parler, s'expriment plutôt avec celles de Klossovski dans *Les lois de l'hospitalité* ; c'est-à-dire toujours à la limite du paradoxe et de l'inconvenance. Je renvoie, à ce propos, à un petit manuscrit de Fourier, édité récemment, *Le réveil d'Epiménide*, centré autour, justement, de l'hospitalité érotique, « inconvenante » dont le citoyen de l'ancien monde pourra bénéficier dans le nouveau (l'ordre sociétaire harmonique).

C'est en ce sens utopique, bien entendu, que je prends et fais jouer la prévalence de l'hospitalité : selon l'esprit de l'utopie. Il ne s'agit pas seulement, donc, d'une différence de l'idéal par rapport au réel, mais d'un changement d'axe relativement à la manière d'entendre les rapports sociaux et humains. Un sens où, devenant fondatrice, constituante, l'hospitalité ne peut être remplacée par un droit, ne peut se résoudre, s'abolir en lui.

Mais cela ne signifie pas, d'autre part, que cette vision des choses ne se préoccupe pas du droit, qu'elle est indifférente à ce qu'on peut appeler soit les avancées, soit les reculs historiques au plan du droit d'asile ou autres. Non, elle abonde, bien sûr, dans le sens de l'extension des droits, de toute avancée, quelque limitée qu'elle soit. Mais elle refuse, je le répète, de se confondre avec lui, de s'implanter en lui. Elle ne peut le prendre que comme jalon, étape. Si l'on veut, je l'appellerais, tenant compte de cette halte provisoire sur un point provisoirement fixe, une hospitalité errante ; ou « nomade ». Ainsi que Deleuze avait inventé, dans *Logique du sens*, l'expression de « singularité nomade » pour désigner des « affects » qui ne sont pas exactement des « affections » du sujet, mais qui, bien plutôt, venant d'ailleurs, d'on ne sait où, l'envahissent, le colorent. Ce qui, à tout instant, nous arrive et dont nous ne sommes pas exactement les auteurs. De même, le droit peut bien concrétiser, d'une certaine façon, et à un certain moment, une forme d'hospitalité, mais sans en épuiser l'exigence. Celle-ci se porte ailleurs, va toujours plus loin. On pourrait dire aussi, en utilisant un mot que j'ai trouvé parfois chez Félix Guattari, qu'elle est « processuelle ». Mot que je n'aime guère, à cause de sa consonance pénible, mais qui exprime bien l'idée d'un mouvement.

T.F. : Vous êtes également connu pour être un penseur ou un défenseur de l'anarchisme, ou d'une forme de l'anarchisme. En fait, acceptez-vous cette étiquette d'anarchiste ?

Sur un plan plus technique, dans le cadre de la théorie de l'anarchisme, comment s'appréhende le statut de l'individu ? En effet, s'il est vrai que la liberté individuelle y occupe une place de choix, comme chez Proudhon par exemple, comment se différencie alors l'individu libertaire de l'individu libéral ? Ces deux conceptions de l'individualité ont l'air si proches... Seriez-vous d'accord pour dire, à titre introductif, et sur la base du couple conceptuel totalité/partie qui accompagne le déploiement de toute l'histoire de la philosophie, que l'individu libertaire définit cette partie ou cet élément qui s'édifie par référence à une totalité qui le transcende ou le traverse entièrement (le tout est plus grand que la partie), là où l'individu libéral s'affirme, au contraire, en tant qu'il est cette partie ou cet élément qui est irrévocablement plus grand que le groupe, la collectivité (la partie est plus grande que le tout) ?

R.S. : Je prends d'abord ce que vous dites sur libéral et libertaire. Il s'agit d'une différence de mots, de choses aussi. Le mot libéral est le plus ancien, le plus général. Né avant toute limitation au champ politique (les arts libéraux), il s'est restreint et spécialisé dans ce domaine vers la fin du 18e siècle et, plus récemment encore, s'est trouvé réservé au domaine économique, avec le libéralisme de l'économie marchande et le néolibéralisme. On ne plus parler (ou presque), comme le faisaient Balzac et Stendhal, d'idées libérales, s'affirmer libéral pour dire que l'on est partisan des libertés sur le plan moral et politique. C'est dommage ; même si Fourier a brocardé ce qu'il qualifiait de « balivernes libérales », c'est-à-dire les illusions des pédagogues et des politiques de gauche, des philanthropes, ses contemporains, on aimerait garder le mot pour caractériser une pensée ouverte, accueillante et – paradoxe -, celle de l'inventeur même de l'Ordre sociétaire ; car, justement, comme il accueillait toutes les variétés de caractères, tous les goûts, y compris les mauvais, il était, en ce sens, l'incarnation même du libéral et du libéralisme dans son origine, son étymologie.
Le mot « libertaire », lui, plus récent - je crois qu'on le voit apparaître avec les discussions autour du socialisme, de l'anarchisme, dès avant Zola qui le reprend, en 1901,

dans *Travail* - est marqué davantage comme une catégorie d'extrême-gauche ; et, comme vous le dites, il ressemble à une étiquette. Je n'aime pas beaucoup être étiqueté et ne l'utiliserai qu'avec prudence. Par nécessité, en quelque sorte, et parce que libéral a cessé de signifier ce qu'il veut dire originellement et est devenu une étiquette à son tour.

Quant à l'explication par le tout et la partie, j'avoue ne pas très bien suivre votre répartition. A moins que vous ne vouliez dire que le mot libéral a réellement plus d'extension conceptuelle, qu'il ouvre à un champ plus vaste que le mot libertaire. En ce cas, oui ; et c'est un peu paradoxal et curieux de voir que c'est le contraire qui a eu lieu avec les acceptions admises actuellement, libertaire voulant dire aujourd'hui qu'on est d'extrême gauche, donc ouvert à tout et libéral tendant à caractériser la droite restrictive et fermée.

En ce qui concerne ma position relativement à l'anarchisme, j'ai donné deux petits livres là-dessus et j'ai même parlé d'un « nouvel anarchisme ». A vrai dire, pas tout à fait nouveau, car c'est celui de Deleuze avec son expression, à propos de l'Héliogabale d'Artaud, « d'anarchiste couronné », celui de la plupart des philosophes contemporains, Sartre, Levinas, Châtelet, en partie du moins, et jusqu'à Husserl qui l'a dit expressément[3], celui de Barrès, dans *L'ennemi des lois* etc... Albert Camus, que l'on oublie trop souvent. Et comme ce dernier est devenu un classique des écoles primaires, je dirais qu'une grande partie de notre enseignement diffuse, à son corps défendant, une pensée anarchiste. Tant mieux. A cette nuance ou différence près que mon anarchisme n'est pas individualiste, ni de droite.

3 « Le philosophe est nécessairement anarchiste », dans la *Krisis* (*La crise des sciences européennes et la phénoménologie transcendantale*).

Je pense, avec Fourier (qui dénonce l'anarchisme civilisé, celui du commerce, mais qui est anarchiste en ce sens que j'ai défini), que l'individu « n'est pas l'être intégral », et que seul vaut ce qui vaut pour « la masse », la collectivité, et s'accroît en puissance avec le nombre. Ce qui ne veut pas dire (encore une différence et une vérité paradoxales) la soumission à la loi de la majorité ; car la vérité se trouve être, le plus souvent, celle d'une minorité. Idée que l'on trouverait encore chez Deleuze et Guattari avec la « littérature mineure » définie dans leur *Kafka* ; mais aussi exprimée tout au cours du XIXe siècle chez Nietzsche, Brandès, Ibsen, etc...

Permettez-moi de revenir sur un point de développement. En effet, j'ai fait, tout à l'heure, le lien avec des notions telles que le « tout est plus grand que la partie » (par exemple, chez le Rousseau du Contrat social, comme vous savez, on peut poser que le tout, ainsi du collectif, est plus grand que la partie, c'est-à-dire qu'il est plus grand que les individus qui le composent, d'où il résulte que certains y ont vu la possibilité d'une dérive pour l'individualité et même un dogmatisme ou un danger de dictature), et « la partie est plus grande que le tout », - notion, en revanche, plus paradoxale. Pour ma part - mais je ne sais pas ce que cela vaut -, j'ai l'impression que la pensée libertaire s'inscrit davantage, et malgré tout, dans une conception selon laquelle le tout est plus grand que la partie, en ce sens que, si l'individu y a une place prépondérante (Ni Dieu, ni maître, ni autorité), il n'en demeure pas moins qu'il est traversé par le collectif et par une sorte de transcendance dans l'immanence (l'ouverture à l'autre, la solidarité, et choses semblables), là où la pensée libérale, au contraire, n'a d'yeux que pour l'idée selon laquelle la partie est plus grande que le tout, impliquant alors le renoncement à la transcendance et la position d'un sujet fermé dans une forme d'égoïsme pur... D'où mon interrogation renouvelée, tout en parlant sous votre contrôle : n'a-t-on pas affaire au maintien de la position d'une transcendance dans l'une des deux pensées (dans la libertaire plutôt que dans la libérale), et ce maintien ne constitue-t-il pas l'indice d'une différence de nature entre ces deux conceptions ?

Oui, certes, c'est le problème de la relation entre l'individu homme et l'humanité ou la société, ou l'individu et l'État. Dans ce dernier cas, la relation est sans conteste transcendante ; encore que Rousseau conserve ou veuille conserver, dans l'État, la liberté naturelle qui, par une opération de nature dialectique, s'abolit en même temps qu'elle lui est révélée et accordée. C'est pourquoi, tout en pouvant, pour certains, se recommander de Rousseau - je pense à Pierre Leroux - les penseurs d'inspiration anarchiste ou libertaire ont rejeté sa théorie contractuelle de l'État.

Leroux, puisque je viens de l'évoquer, préfère la relation de l'individu à l'Humanité qui n'est pas contractuelle, mais ferait penser plutôt à celle qui, chez Spinoza, relie de façon immanente les modes à la Substance - et bien que l'Humanité ne puisse pas être dite une substance existante. Le libéralisme (on peut considérer, parmi ses antécédents, Locke tout autant que Rousseau) se rattacherait, parmi les métaphysiciens, plutôt à Leibniz, avec l'existence substantielle de la multiplicité des monades, en « harmonie préétablie ». D'ailleurs, c'est aussi une sorte d'harmonie préétablie qu'il suppose sur le plan économique, la libre concurrence garantissant l'essor économique et le bonheur social. Comme rien n'est moins sûr et que, de ce point de vue, le *Candide* de Voltaire a

raison contre Leibniz, le monde régi par le libéralisme n'est pas le meilleur des mondes possibles.
La théorie libertaire trouve une base, non dans cette harmonie préétablie, mais dans la combinaison des attractions passionnelles selon un « ordre combiné », lui aussi harmonique, à la manière des accords musicaux, selon Fourier. C'est de ce côté-là, celui de la fusion des accords, qu'il faut chercher et concevoir le rapport de l'individu au Tout. Toujours immanent.

T.F. : Vous avez beaucoup développé l'idée d'une hospitalité dont la caractéristique majeure serait d'être universelle. Y a-t-il lieu de percevoir dans ce caractère universel la participation de l'humain à quelque chose d'exceptionnel ? Autrement dit, « universel » ne veut-il pas dire ici « exceptionnel », en ce sens que l'humain serait exceptionnellement libre à la condition expresse qu'il participe à cet universel ? D'autre part, comment s'habite un monde régi par l'hospitalité universelle ? Quelles sont, au fond, les conditions de son habitabilité ?

R.S. : Cette expression d'*hospitalité universelle* n'a pas été inventée par moi, elle est de Kant ; mais elle a été, en quelque manière, le déclencheur de mon intérêt pour l'hospitalité.
Je dois ici revenir sur le contexte qui est celui que je cite dans mon livre. L'expression se trouve dans l'opuscule consacré par Kant à l'établissement d'une *Paix* qu'il appelle *perpétuelle*, éternelle ou définitive (comme on la rêve après chaque longue période de guerre, et il s'agit en l'occurrence des guerres européennes au moment de la Révolution française).
En s'interrogeant sur ce qu'il appelle « droit cosmopolitique » ou international, Kant découvre ou

établit, à sa base, à son principe, qu'il y a une première condition. Il l'appelle « transcendantale » ou fondatrice ; et c'est l' « hospitalité universelle » ou l'absence de frontière traçant une interdiction ou exclusion entre les nations.
Cela m'avait frappé, juste après les guerres internes à l'ancienne Yougoslavie, puis à propos de la situation palestinienne et de la première « guerre du Golfe » (il y en a eu, ensuite, une seconde). Et, je m'étais dit qu'en effet toutes les difficultés internationales actuelles venaient bien de ce que, que ce soit artificiel ou non, il y avait des peuples qui ne pouvaient pas se supporter entre eux. Et que la pratique de l'hospitalité, d'acceptation réciproque et d'accueil, supprimerait les guerres. Ce qui, facilement, pouvait être étendu à l'Europe, et aussi aux problèmes des réfugiés, des immigrés, etc.
Voilà mon point de départ et le sens d'une hospitalité universelle qui est d'abord une hospitalité publique, internationale, mais peut valoir également au plan du national et du privé. Et, de même que le fait Kant, elle peut être entendue comme principe « transcendantal » ou constitutif de toute relation à autrui : être hospitalier et non hostile (c'est ici que se place la conversion que j'ai déjà mentionnée, de l'inimitié à l'hospitalité, d'*hostis* à *hospes*).
Ce n'est donc pas, à mon sens, exceptionnel, ou créant un état d'exception ; à moins que l'on ne pense que l'état naturel, normal, entre les individus et les peuples, soit celui de la guerre. C'était la position de Hobbes, souvent reprise, en effet, et considérée comme réaliste, alors que celle de Rousseau est vue comme utopique ; rien n'est moins assuré, pourtant et des anthropologues comme Levi-Strauss, ou Pierre Clastres, sont loin de considérer la guerre entre les peuples et les individus comme primitive, mais consécutive, plutôt, à la constitution des États.

Quant à l'idée de Fourier que la société harmonienne pratique une hospitalité universelle, elle est utopique, certes, mais elle est aussi réaliste en tant qu'elle dessine une idée directrice pour une mondialisation rendant la terre habitable à tous. C'est pourquoi, j'ai caractérisé comme telle (hospitalité universelle) l'utopie souhaitable et même nécessaire pour notre temps.
Vous me demandez si cela est possible. Cette question est, certes, légitime ; mais je répondrai qu'il ne s'agit pas de savoir si elle est possible, mais de se rendre compte qu'une telle hospitalité, étendue à tous les individus, à tous les groupes, à tous les peuples et États, devient une *exigence*, une condition nécessaire d'existence. Question de vie ou de mort. Ainsi que l'a fait Fourier, elle doit être étendue de l'homme à la terre. La terre est hospitalière pour l'homme, mais la réciproque vaut aussi, d'une certaine manière. Il faut que l'homme ne la détruise pas, n'épuise pas ses ressources, ses espèces animales et végétales. Je généraliserai donc l'hospitalité universelle en y incluant ce qu'on appelle l'environnement. Curieusement, cette fois, ce n'est pas à la terre que l'on demande d'être hospitalière à l'homme, mais à l'homme de savoir être hospitalier à la terre qu'il habite, afin de la conserver habitable.

T.F. : Dans ce schéma prometteur d'une hospitalité sans limite que vous décrivez, quelle pourrait être alors la pratique hospitalière à l'égard de la délinquance et de la déviance ? Ne pensez-vous pas qu'aujourd'hui la pratique de l'institution judiciaire soit totalement aux antipodes du motif de l'hospitalité, puisqu'elle s'érige sur le principe de la clôture, de l'exclusion, de l'enfermement, de la punition, des formes de la contrainte, et donc sur un mode de gouvernement puissamment indexé sur l'hostilité ? Par conséquent, dans l'horizon d'une pratique hospitalière authentique et désirée, à quelles transformations, à quels déplacements doit viser, selon vous, l'institution punitive ?

R.S. : Une pénalisation hospitalière, voilà, certes, une contradiction dans les termes ; un oxymore, mais qui peut, justement, prêter à réflexion. Et, si l'on y réfléchit, il apparaît que c'est bien, en effet, en ce sens que s'est orientée la pénalisation contemporaine, à partir le 1945, mais - réserve importante - concernant uniquement les mineurs ; et - autre importante réserve - dans les textes et même les intentions, plus que dans les faits, les résultats.
Je ne suis absolument pas spécialiste, ni « éducateur spécialisé », titre des éducateurs consacrés à l'enfance et à la jeunesse délinquante, mais ai connaissance de cette fonction ou catégorie, car elle était une des spécialités du département des Sciences de l'éducation de Paris VIII ; et j'ai eu maintes fois l'occasion de participer aux jurys de mémoires, thèses, sur cette question.

Donc, ce que j'appellerais l'ingrédient ou l'orientation d'hospitalité inspirant cette conversion des peines à l'égard des mineurs ne m'est pas inconnu. Il s'agit de substituer à l'enfermement, à la punition pure et simple, aux châtiments essentiellement corporels ou afflictifs, une forme éducative d'intégration sociale. Et, sur ce point encore, je crois que la pensée de Fourier, largement interprétée et adaptée, n'a pas été inutile, surtout avec les stimulants de « ralliements passionnels », les « illusions créées », voire certaines « entraves levées », consistant à orienter les pulsions mauvaises en un sens qui soit créateur, collectivement utile.
Un autre exemple qui a inspiré cette conversion pénale est celui de Makarenko dans son *Poème pédagogique*, illustré dans « Le chemin de la vie », film dû, je crois, à

Poudovkine ou à Dovchenko. L'Union soviétique, dans ses premiers temps, n'ayant pas éliminé toute ambition révolutionnaire ni même libertaire. Que de telles tentatives aient été parfaites ou réussies selon les vœux de ceux qui les ont entreprises, est une autre question.

Autre question aussi, lorsque ces aménagements sont rejetés, non au nom de la justification d'une pénalisation coercitive, mais, par un étrange paradoxe, pour préserver l'enfance elle-même. Paradoxe, certes, et qui soulève un problème crucial et inquiétant avec le violent, brûlant, sulfureux *Enfant criminel* de Jean Genet. Cette fois, prenant parti pour le crime, au nom de l'enfance, Genet bouleverse les bases de tout ordre social, prône la révolte absolue de l'individu en alléguant des forces qui, cela est vrai, sous quelque couleur éducative que ce soit, seront toujours canalisées, détournées, donc brimées. Et il a raison, profondément, poétiquement raison, comme Sade, comme Nietzsche aussi, si l'on veut aller au fond des choses, creuser l'abîme, le « sans-fond ». Cet *Ungrund* qu'aucune philosophie ne peut éviter.
Toutefois, je ne me hasarderai pas ici sur ce terrain spéculatif qui peut donner lieu à des débats, eux aussi sans fin. Me contentant de reprendre ce que je disais plus haut que de telles tentatives ont bien été entreprises concernant les mineurs. Mais il semble que la réforme législative ait été prise d'un accès de timidité peu compréhensible au seuil de la majorité. Ces mesures, souvent bénéfiques, on les a arrêtées à la barrière stricte, éternellement fixée des vingt et un, puis dix-huit ans ; comme si l'individu, brusquement, n'était plus susceptible d'intégration, d'amendement, mais passible d'une simple punition. Est-ce exagéré, outré, que d'y voir la résurgence de cet esprit négatif de ressentiment, de vengeance que la société

devrait toutefois savoir dominer, contre lequel, justement, la justice consiste à s'élever ? J'ai déjà cité Nietzsche et reprends, ici, à ce propos, une de ses indications les plus suggestives, dans *Par-delà Bien et Mal* et *Généalogie de la morale* : n'est-ce pas, encore et toujours, *l'homme du ressentiment* qui rédige et énonce les lois ?

T.F. : Si vous ne semblez pas particulièrement attaché à la problématique du pouvoir (au sens de la domination), il ressort néanmoins de votre œuvre un incontestable intérêt pour un certain pouvoir, et non des moindres, à savoir le pouvoir de désirer. Quelle est donc la nature de ce pouvoir de désirer qui donne une coloration si originale à votre œuvre ? Puise-t-il sa richesse, sa puissance, sa fécondité dans la philosophie spinoziste ? Dans la philosophie deleuzienne ? Et y a-t-il lieu de voir des accointances ou des recompositions entre ce pouvoir singulier du désir et l'attractivité passionnelle décrite par Charles Fourier ?

R.S. : Il ne faut pas trop s'attacher à un mot, lorsque son usage dépend d'une langue particulière, car on risque d'outrer les significations et de tomber dans le dogmatisme.

Ainsi en est-il de « pouvoir » et de « puissance » que l'on peut opposer, mais qui, également, peuvent se recouvrir, s'équivaloir. Ils s'opposent, dans la formule deleuzienne, très belle et frappante, mais qui dépend d'un code conventionnel, idiosyncrasique même : « toute puissance est bonne, il n'y a que les pouvoirs qui sont mauvais ». On pourrait dire aussi bien le contraire, en changeant l'acception des mots. Car puissance peut être prise en un sens dominateur (les puissances coloniales, les puissances

de l'Axe, etc.), et pouvoir, chez Valéry, par exemple, a le sens de réserve de forces, de richesses que lui attribue Deleuze.
Toutefois, en gros, couramment parlant, on peut admettre de donner à puissance le sens de puissance d'agir chez Spinoza, à pouvoir celui de la domination politique. Peut-être serait-il préférable, d'ailleurs, de donner toujours à puissance une notation de potentialité, de virtualité, comme dans (étymologiquement) la *dunamis* grecque, dans l'opposition de puissance et de son actualisation dans une opération effective. Il y a toujours dans la puissance une force de réserve. Encore que, je m'en aperçois, on pourrait découvrir la même chose dans le pouvoir (cf. Valéry que je viens de mentionner).
Trêve d'arguties, il faut en venir plutôt à ce que l'on veut désigner par ces expressions. J'admets les sources auxquelles vous les référez et dans lesquelles, de fait, j'ai très librement puisé. Mais j'avoue ne pas avoir eu l'idée de « pouvoir de désirer », m'étant fixé plutôt, comme dans la trop fameuse querelle entre Foucault et Deleuze, sur le problème des prérogatives ou antériorités : désir ou pouvoir ? N'y a-t-il pas désir de pouvoir, mais, « pouvoir de désir » ? La question mérite d'être posée. Et je me la suis posée, certes, et explicitement, à quelque propos, dans quelque article, en me demandant si nos contemporains n'ont pas perdu le pouvoir de désirer, ne formant que des désirs minuscules, orientés vers la consommation d'objets de plus en plus dérisoires, incapables de désirer d'autres manières de vivre, d'autres organisations politiques vraiment différentes, etc.
Cela, je crois, je l'ai écrit en relation avec un livre très intéressant de Ronald Creagh qui s'interrogeait, il y a deux ou trois ans, sur l'appauvrissement de notre imaginaire. Nous ne savons plus imaginer vraiment et, l'imagination

étant en quelque sorte la pensée du désir, nous ne savons plus désirer. Bien entendu, ces idées, je les ai formulées et les reprends en commentaire de la célèbre phrase de Fourier, dans *Théorie des quatre mouvements* : « Étant donné l'immensité de nos désirs et le peu de moyens que nous avons de les satisfaire ». Le curieux, le paradoxal, est que, de nos jours, on pourrait rigoureusement inverser cette phrase, sans en changer, au fond, le sens. On écrirait plutôt, en effet : « Étant donné l'immensité de nos moyens et le peu de désirs que nous nourrissons ». Moyens techniques, s'entend, matériels de satisfaire les besoins de la planète entière etc.

Si, pourtant : il y a un point sur lequel il semblerait que pouvoir et désir se correspondent, celui des déplacements, des voyages ; et un autre, conjoint ou coextensif, celui des communications à distances. On voyage beaucoup, on communique énormément, constamment. Mais, précisément, va se poser une question cruciale, dirimante, qui est peut-être la question même de notre temps. On voyage pourquoi, dans quel but, pour voir quoi, pour apprendre quoi, pour faire quoi en relation avec autrui ? On communique quoi, à quelles fins, et de quel contenu ? Or, la moindre des réflexions va vite nous apprendre (c'est devenu lieu commun) que nos communications sont vides ou presque, que nos voyages, loin de nous renseigner sur l'étrange, le différent, l'autre, ne sont que des vues passagères du « même », tant en ce qui concerne les habitats que l'humanité avec laquelle nous prenons contact, ou, bien plutôt, que nous coudoyons dans l'indifférence.

Je n'épilogue pas ici. On l'a déjà fait, on le fera, chacun pour soi, à loisir. Quelle différence avec les cohortes de chevalerie errante de Fourier, les caravanes amoureuses, les joutes et « guerres » gastrosophiques qu'il s'est plu à imaginer, selon des désirs dont toute la puissance d'action, de production, était d'accroître les *liens sociaux*, selon son expression habituelle en laquelle se résume le « pouvoir » qu'il associe aux désirs.

T.F. : Vous avez assez récemment publié un livre portant le titre évocateur Pour un nouvel anarchisme *(Cartouche, 2008). A la lecture, l'envie devient irrépressible de vous poser, parmi d'autres, les deux questions suivantes : 1° d'abord, pourquoi avez-vous envisagé de proposer un « nouvel » anarchisme ? ; 2° ensuite, n'y appelez-vous pas au retour d'un certain humanisme, en soulignant l'existence d'une transcendance dans l'humain, en attirant donc l'attention sur la présence de quelque chose de sacré au fondement même des relations interindividuelles – ceci ne manquant pas de faire écho à ce que Husserl subsumait sous l'expression de « transcendance dans l'immanence » ?*

R.S. : C'est un bonheur pour moi d'avoir un lecteur si attentif, et je vous en remercie vivement. Aussi vais-je répondre le plus précisément possible à des questions un peu embarrassantes, parce qu'étant *ad hominem*, je veux dire m'interrogeant sur des motivations ou intentions. Ce qui, vous ne l'ignorez pas, est toujours délicat pour l'auteur.
1° Pourquoi proposer un « nouvel » anarchisme ? C'est évidemment le mot « nouveau » ou « nouvel » qui peut arrêter. Car, tout d'abord, on pourrait objecter que ce n'est pas tellement nouveau et que bien des idées ou des auteurs dont je parle sont présents à l'esprit de chacun lorsqu'il évoque l'anarchisme, et que la nouveauté est peut-être plus dans mon ignorance que dans les faits. A cela je réponds que je m'autorise d'une licence d'auteur ; que, bien sûr, il

faut faire une part à mon ignorance antérieure et que j'ai appris à lire tout en écrivant. A mieux lire, à découvrir, par exemple, l'anarchisme de Valéry ou à approfondir où se logeait réellement celui de Fourier. Mais surtout, au fond, la justification du qualificatif de nouveauté est dans la présentation, je crois, dans le choix et l'organisation des références. Cela veut dire apprendre à comprendre l'anarchisme d'une manière un peu insolite, à le chercher là où il ne s'est pas explicitement déclaré. J'ai été beaucoup aidé, en ce sens, par la découverte - car ça en fut une - de « l'anarchisme philosophique » de Levinas[4]. Découverte, car je n'en avais qu'une vague idée avant la composition du livre et ai été amené, même si je ne lui ai pas consacré d'analyse détaillée, à lire attentivement les pages consacrées à cette notion. C'est l'expression « anarchisme philosophique » qui m'a le plus séduit et aidé à organiser la composition de l'ensemble. J'en ai trouvé simultanément l'idée et l'expression chez François Châtelet, bien qu'en un sens très peu lévinassien, presque à l'opposé de celui-ci. Ce qui me conduit à ma seconde réponse.

2° Vous parlez d' « humanisme » et de « transcendance ». Or, la controverse autour de ces deux mots caractérise justement deux positions concernant l'anarchisme ; positions antagonistes, bien que, d'une certaine manière et paradoxalement, convergentes. Ou, du moins, entrecroisées, entrelacées. Disons net : l'anarchisme est, à coup sûr, du côté de l'immanence, puisqu'il récuse l'*archè,* la direction, le principe et sa transcendance. Ce qui n'empêche pas Lévinas de lui associer une transcendance qui est une sorte de paradoxe ne se justifiant qu'en référence au sens particulier, hérité de la phénoménologie

4 Découverte due, je dois le préciser, à Paulette Kayser, à l'occasion de sa thèse *Levinas, la trace du féminin*, Paris, PUF, 2000.

heideggerienne et husserlienne, sartrienne aussi, que l'auteur attache à ce mot : transcendance de l'être humain ou de la conscience, se détachant sur un fond de négativité primordiale à l'égard de l'être de la chose. Une transcendance qui, chez Lévinas, comme chez Kierkegaard, est soutenue par la transcendance divine sur laquelle elle ouvre. Ce n'est pas seulement une affaire de mot, mais de sens, d'orientation. Introduire la transcendance dans l'anarchisme est, d'une certaine façon, un contresens et ceux qui sont fidèles à l'idée même de l'anarchisme, Deleuze, Châtelet, rejettent systématiquement toute transcendance : l'anarchisme est une philosophie de l'immanence comme il est philosophiquement athée (ni Dieu, ni maître).

Maintenant, pour éviter tout dogmatisme, tout rejet *a priori* qui risquerait d'être contradictoire avec l'absence de principe qu'il veut soutenir, je ne saurais condamner - l'anarchisme se tient à l'écart du jugement - l'introduction du terme de « transcendance » qu'une pensée athée, celle de Sartre, peut vouloir maintenir, comme vous écrivez, « dans l'immanence même », ainsi qu'on le voit dans son essai sur *La transcendance de l'ego* où se trouve établi, justement, le plan d'immanence de la pensée. Mais, l'ego, lui, est hors du plan ; il saute, en quelque sorte, au-dessus de l'immanence et, ce faisant, il introduit cet élément de négativité qui contraint la philosophie à l'enfermer dans une vue tout humaine, trop humaine, à s'enfermer, pour sa part, dans l'humanisme et à se priver de la possibilité de toute spéculation sur le cosmique, l'infinité de l'Être. Différence entre Spinoza et Kant, si l'on veut attacher des noms et des personnalités de référence à cette gigantomachie philosophique contemporaine entre immanence et transcendance.

3° Pour ma part, il me semble que j'ai adopté dans mon livre le « plan d'immanence » et rejeté l'allusion à une transcendance, conformément aux leçons de Deleuze et de Châtelet, celle de Spinoza. Et aussi de Fourier, si l'on veut faire entrer celui-ci dans une dispute philosophique et terminologique à cent lieues de laquelle, au demeurant, il s'est tenu. Mais on ne saurait, non plus, l'agréger à un humanisme trop restreint, puisqu'il spécule sur l'Univers, « l'Omnivers », déborde de toutes parts les simples destinées humaines. Barthes l'avait bien vu et l'a noté dans son livre sur *Sade, Fourier, Loyola*. Mais déborder l'humain, l'humanisme, n'est pas se porter vers une transcendance quelconque, mais, au contraire, faire entrer sur le plan d'immanence philosophique, anarcho-philosophique, l'univers et les univers dans leur entier. C'est comprendre l'homme à partir de ce qui l'englobe, qu'on le nomme « Nature » ou « sacré », un sacré sans Dieu organisateur, tout en ayant des « dieux » peut-être, une « aura » qui baigne toute chose. Ainsi, autre nom, autre référence à mon nouvel anarchisme, Pasolini, se recommandant, dans *Médée,* dans *l'Évangile selon Saint Matthieu*, dans son œuvre entière, de « la sacralité de la vie ». Qui n'est aucunement une transcendance, car elle est ce monde même, tel qu'il est. Elle indique la connexion, la réversibilité du réel et du mythique. (« Tout mythique est réel, tout réel est mythique »).

T.F. : Un autre aspect de votre œuvre porte sur ce que vous désignez sous l'expression conceptuelle étonnante d' « utopies nomades » (cf., Utopies nomades*, Les Presses du réel, 2009). Expression étonnante parce qu'elle semble conjuguer à dessein deux éléments singulièrement antinomiques, puisque, si, d'un côté, l'utopie paraît se caractériser par quelque chose qui est de l'ordre de l'idéal* *fixe, du rêve immuable, de l'île unique, de l'obsession indestructible, il apparaît que, d'un autre côté, le nomadisme s'ouvre, au contraire, sur quelque chose qui est de l'ordre du mouvement, de la différence, du report* sine die, *de l'épaisseur du réel. Cette expression est même doublement étonnante et paradoxale, parce qu'elle fait usage d'un pluriel qui semble la frapper, du même coup, d'un certain relativisme. A bien y regarder, cette expression conceptuelle que vous forgez ne vous invite-t-elle pas à poser, à de nouveaux frais, la décisive question kantienne, à savoir : que nous est-il permis d'espérer (ici et maintenant) ? Et n'est-elle pas propre à favoriser l'opération d'un utile démarquage conceptuel à l'égard d'expressions voisines comme la dystopie, la contre-utopie ou l'anti-utopie ?*

R.S. : Après la vague de faveur qu'a connue, grâce à Deleuze et à Guattari, la notion de nomade, nomadisme, après le petit « traité de nomadologie », bénéficiant, pour les initiés, du calembour, de l'équivoque avec monadologie, il était, certes, difficile d'utiliser le mot d'une façon innocente. De fait, et pour le fond, mon orientation, dans *Utopies nomades*, a bien été, plus ou moins deleuzienne, guattarienne. Je consacre, dans le livre, quelques pages aux deux philosophes, et à Deleuze en particulier, en le considérant comme « éducateur » au sens que Nietzsche a conféré au mot dans sa *Considération intempestive* sur Schopenhauer, c'est-à-dire un instigateur, un « ouvreur » de la pensée, mais à condition qu'elle soit libre, voire hérétique chez le disciple qui s'en inspire.
C'est donc comme « suiveur », disciple libre de Deleuze-Guattari que je me suis permis d'emprunter le mot de nomade comme qualificatif de ma pensée de l'utopie, de

ma pensée utopique, ou de mon « esprit d'utopie » pour me rallier, cette fois, à Ernst Bloch dans son *Esprit de l'utopie.* Il y a donc ces deux références ou influences essentielles auxquelles (jamais deux sans trois) il convient d'ajouter celle d'Italo Calvino avec « l'utopie en miettes » pour caractériser la façon dont l'utopie s'est disséminée, fragmentée un peu partout dans le courant de son histoire ; de sorte qu'à l'heure actuelle le pluriel lui convient beaucoup mieux que le singulier. Il n'y a pas une utopie formant système, mais plusieurs, différenciées selon leur objet, leur point d'application, leur domaine, social, esthétique, érotique, pédagogique, etc. Bref, on l'aura compris, l'utopie se promène, elle est nomade . Elle est multiple, nous avons affaire avec des utopies nomades. Il s'agit de les inventorier. Ce que j'ai tenté de faire. Voilà pour la justification du titre, de l'expression.
Vous m'écrivez qu'elle est « étonnante », qu'elle « relie des éléments antinomiques ». Oui, et vous avez raison, mais je m'en suis expliqué, dans le livre, je crois et à d'autres occasions. On ne peut pas parler de l'utopie en général, sans mentionner une évolution ou même une rupture qui s'est produite, depuis Thomas More et son *Utopia*, éponyme, dans l'usage et le sens du mot. Ce n'est pas très déterminable exactement, mais je verrais, en gros, cet élargissement, ce déplacement se produire dès la fin du XVIIIe siècle et surtout au XIXe. L'utopie passe de l'espace au temps, se met à concerner l'avenir, s'inscrit dans l'histoire comme une sorte de programme. Illustrée, incarnée en particulier par les œuvres appartenant à ce que Marx et Engels ont appelé le « socialisme utopique » (je ne discute pas, ici, la justesse de l'expression relativement à « socialisme scientifique », mais mentionne seulement la pertinence d'un déplacement qui situe bien l'utopie dans le temps de l'histoire). Donc, l'utopie, si elle continue à

s'adresser à l'imaginaire, à être également son œuvre, n'est pas associée à un voyage exotique, mais à une anticipation sur le futur. Si elle est rêve irréalisé, on peut le supposer réalisable, comme l'écrira Joseph Déjaques. Toutefois, le déplacement de l'utopie vers l'histoire et le temps est loin d'être exclusif, et bien des utopies du XIXe siècle se situent dans un lieu lointain et imaginaire : celle de Cabet, assez détestable au demeurant, figée et impérative, celle, en revanche, fort séduisante d'Emile Masson, anarchiste et pacifiste, *L'utopie des îles bienheureuses*, celle des *lettres de Malaisie* de Paul Adam, etc.

En ce qui concerne notre temps, je serais même tenté d'opérer un nouveau déplacement du point d'application de la pensée utopique. Eu égard à l'exécrable orientation d'une mondialisation qui ne mondialise que l'économie marchande, le profit, le conformisme des mœurs, il ne serait pas inopportun de nourrir notre imaginaire de la représentation imagée d'une île lointaine adaptée à nos désirs sans entraves, à la participation de tous à une vie riche, en tous les sens du terme, heureuse et aimable. La question kantienne sur l'espérance légitime de l'homme est bien une question de l'utopie au meilleur sens du mot. Et, à ce propos, comme vous m'interrogez sur les détournements, conversions ou perversions de l'utopie vers « le mal » qui a donné lieu - pour les démarquer de l'utopie où le préfixe semble, au contraire signifier le bonheur et le bien (*eu* grec) - aux néologismes de « dystopie », contre-utopie, etc., je préciserai ma position personnelle.
Il n'est pas impossible, ni inutile d'utiliser ces mots (au reste, l'utopie n'est-elle pas, aussi, un néologisme ?), mais je ne le fais pas, car je préfère, justement, garder une ambiguïté qui fait que l'utopie, formulée et orientée d'une

certaine manière, peut se retourner contre elle-même, en quelque sorte, et cela, lorsqu'elle abandonne le plan du désir où elle aurait dû se maintenir et se fait prescriptive ; y compris lorsqu'elle le fait avec les meilleures intentions du monde, lorsqu'elle se hasarde à prescrire le bonheur tel qu'elle l'entend. On a fait ce reproche à Fourier lui-même, et bien à tort. Fourier décrit, indique les possibles, les virtualités inaperçues et non explorées ; il ne prescrit rien, n'exclut rien. Même ce qu'il condamne ou qu'on pourrait condamner : les mauvais goûts ou, en une matière qui continue à faire couler des flots d'encre, source d'infinis bavardages, « le mariage exclusif ».

Car cela même qui est décrit comme limitation des désirs et qui est à l'inverse de ses « attractions personnelles » est admis en Harmonie comme un des modes possibles de désirer. Entre parenthèses, la manière dont on a pu parler du phalanstère de Fourier comme d'un goulag de la jouissance imposée (par exemple Cioran) est profondément inexacte. Bref, il y a toutefois, et c'est vrai, possibilité d'ambiguïté. Mais cela même va conduire à une précision très utile, une détermination qui permet de discriminer la mauvaise utopie, de la distinguer de la bonne.

Alors que la mauvaise se réfère à un modèle pré-donné, un idéal artificiellement construit par une raison qui prétend détenir l'idéal et l'énoncer selon une logique parfaite, ou qui, en d'autres termes, se relie à une donnée transcendante, l'utopie selon sa bonne orientation se détermine toujours selon des désirs existant, immanents, même s'ils sont encore latents, virtuels. Utopies *transcendantes* contre utopies *immanentes*, j'en ai emprunté à Deleuze et Guattari encore la formulation. Il n'est pas nécessaire de changer le mot, c'est le qualificatif qui détermine.

A ce propos de terminologie, je dois mentionner ici l'apport, dont je n'ai pas fait usage dans mon livre, car je l'ignorais, du mot « hétérotopie » utilisé par Foucault qui, dans une interview avec des architectes, je crois, le substitue au mot utopie. On sait combien, dans la période contemporaine surtout, l'architecture a tenu à se référer, très explicitement, à l'utopie ; mais également, dés la fin du XVIIIe siècle, avec Boullée, Ledoux, entre autres. Or, le mot hétérotopie que propose Foucault, et que je ne retiendrai pas, sinon à titre d'alternative éventuelle, possible, n'est-ce pas justement ce - ou une partie de ce - que l'on peut entendre par utopie immanente ? : celle qui avance sur les pas du désir, qui propose, selon lui, dans le présent, *ici et maintenan*t, selon une formule devenue lieu commun, une autre forme de vie ?

T.F. : La notion de désir, telle qu'elle a été réfléchie par G. Deleuze et F. Guattari, mais également par vous, René Schérer, présente un caractère pour le moins original et fécond, en ce qu'elle permet notamment de mesurer à quel point le désir humain n'est jamais un phénomène isolé, mais s'inscrit bien davantage dans un réseau complexe de désirs, se manifeste en marge de bien d'autres désirs intriqués les uns dans les autres, et n'a de sens que sur fond de monde. Il semble, dès lors, que cette pensée nous instruit sur l'un des fondements de la structure du désir, à savoir que désirer, c'est toujours déjà « désirer avec ». A supposer que cette lecture de l'œuvre de ces philosophes du désir, et de votre propre œuvre, ne soit pas erronée, comment, dès lors, pourrait s'appliquer cette conception du désir à la relation entre auteur et victime d'infraction ? Dans les discours et les pratiques, au lieu d'incessamment opposer ces deux figures et d'alimenter l'antagonisme, et ce au grand dam aussi bien de l'une que de l'autre, ne conviendrait-il pas, au contraire, de favoriser et de développer une sorte de désir de compréhension réciproque, qui pourrait se traduire, de la part de l'auteur, par un désir de réparer, et, de la part de la victime, par un désir de pardonner ? En d'autres termes, quels enseignements peut-on tirer d'une pensée du désir, indexée sur la rencontre ou la redécouverte d'autrui, lorsqu'on vise à l'appliquer au champ pénal ?

R.S. : Il est bien difficile de répondre à votre question qui engage une conception de l'infraction ou du « crime » avec celle du désir et de son « agencement », selon les termes deleuziens. Je tente toutefois quelques mots.
On peut prendre la question de deux façons, selon deux points de vue, ou deux styles : tragique ou dramatique (je pense au drame baroque) qui met en jeu des forces, dont l'exemple se trouve (je choisis au hasard) dans *Cinna* de Corneille (l'assassinat du tyran : « Impatients désirs d'une illustre vengeance... Cinna, tu t'en souviens, tu veux m'assassiner... », avec la conversion brusque (« rentre en toi-même Octave, et cesse de te plaindre »....) qui met en scène le combat ou le conflit entre des forces, externes ou internes, dans le « pli de subjectivation » opéré par un des antagonistes ; ce que l'on trouve aussi présent dans certains aspects du romantisme, que ce soit avec Michaël Kohlas de Kleist (ou encore *Les deux amis de Bourbonne* de Diderot, *Annette et le criminel* de Balzac).
Le second aspect, la seconde façon de prendre le problème se trouvant, dans une partie du romantisme aussi, suivant une direction qui aboutit, elle, au « jugement de Dieu », mais qui, à mon sens, est encore liée à une pensée du désir, celle qu'illustre l'attitude, dans *Les misérables* de Hugo, de Monseigneur Myriel, rendant à Jean Valjean qui vient de les voler, ses chandeliers d'argent comme un

don, ce qui est à la base, au principe de la conversion de Jean Valjean, après le nouveau vol, par lui, de deux sous à un petit vagabond, vol qui le taraudera jusqu'au repentir. C'est sur de tels exemples, de tels *agencements de désir* que l'on peut fonder une analyse, détour littéraire indispensable si l'on veut apprécier à une juste valeur ce que l'on appelle « infraction ». Il est nécessaire, en effet, de voir dans quelle sorte d'agencement entre le désir qui est toujours bien défini, relativement, selon votre formule, au rapport à autrui, comme, en général, relativement à son objet. L'erreur du « droit », du jugement, ou de la « philosophie du jugement », celle du « jugement de Dieu », comme le dit Artaud, étant de s'en tenir à des catégories figées et restreintes. La décision d'Auguste, brusque irruption dans la domaine de la clémence, n'est pas, à proprement parler, un jugement, mais institution d'un nouvel ordre (fictif ou non, peu importe) qui, avec l'Empire, dépasse les anciennes vengeances et va fonder l'État sur une *politique de l'amitié*. De même, l'évêque Myriel ne pardonne pas à Jean Valjean à la suite d'un jugement, mais par un geste de don, ce qui taraudera, par la suite, la conscience du criminel jusqu'à le transformer en bienfaiteur à son tour.

T.F. : Il est notable que les décisions judiciaires, les sentences pénales comportent régulièrement des accents de moralisation et de culpabilisation. Sur le plan pénal, les comportements infractionnels semblent de plus en plus lus comme l'expression de symptômes d'une pathologie affectant jusqu'à la conscience morale, ainsi, par exemple, de la consommation d'alcool, de l'hyperactivité, du rapport au sexe, etc. Par suite, n'est-il pas frappant de constater que l'institution judiciaire tend à confondre, de façon préjudicielle, pénalité et moralité ? Au fond, quels commentaires vous inspirent ces propos de V. Jankélévitch ? : « Celui qui est inattaquable du point de vue de la police et des autorités peut être éminemment critiquable et approximatif du point de vue de la conscience morale ; celui qui est irréprochable au regard du code peut avoir beaucoup à se reprocher » *(Cf.,* Les Vertus de l'Amour, *Tome 2, Flammarion, 1986, p. 12) ».*

R.S. : Je n'irai pas ici par quatre chemins, quitte à outrer la formule : le moralisme qui, la plupart du temps, accompagne les appréciations et décisions judiciaires, est du plus bas étage ; il reflète ce que « l'opinion », la « *doxa* » grecque, mise justement au pilori par Platon, a de plus vulgaire, de plus bas, de plus élémentaire. Les attendus des avocats généraux dans leurs réquisitoires sont, généralement, odieux ; les réflexions des juges, ridicules, et ont fait, à bon escient, les délices de la défense, ont nourri des florilèges satiriques, comme tel recueil d'Emmanuel Pierrat consacré aux calembours et pataquès du tribunal, ou celui, moins connu de Christian Hennion dans *Recherches*, la revue de Félix Guattari : « Juges et procureurs ». Je n'insisterai pas. Ce sont là propos qui reflètent l'opinion et que répercute en retour la presse la plus méprisable, tels *Détective* ou *Minute* ; propos que l'on disait autrefois « de concierge », lorsqu'il y avait des concierges et que l'on ne risquait pas, en un temps moins marqué par la manie de la procédure, avec cette appellation, une plainte en diffamation.
Je me contente donc de répondre à la question que vous me posez concernant les rapports entre le code (civil ou pénal) et la morale. Il y a là, certes, deux domaines voisins, mais distincts. Kant a tenté de les unifier dans sa *Métaphysique des mœurs*, qui est la partie appliquée de la

« Raison pratique » censée fonder les comportements individuels ou collectifs en général.
Il a pensé explicitement, contre Machiavel, à une union entre la politique et la morale. Et il est certain qu'une telle unification ou son idée directrice conduit aussi la doctrine de Spinoza, quelque éloignée qu'elle soit de celle de Kant. On pourrait même dire que toute philosophie tend à faire se rejoindre les deux plans. Seulement cela ne peut avoir lieu qu'à partir de la constitution de ce « plan d'immanence » où ont disparu toutes les hiérarchies, stratifications qui divisent, confinent, rendent étrangère à elle-même la vie subjective, individuelle ou collective.
Je renvoie, de nouveau, à l'exemple de Jean Valjean qui, coupable, criminel au regard du code en volant un pain, ne l'est pas moralement ; alors qu'il le sera en posant son pied sur la piécette qu'il dérobe ainsi aux yeux du petit mendiant, geste ne relevant d'aucune législation ou codification. Voilà constituée, je crois, une sorte de paradigme d'où l'on peut aisément déduire un ensemble, chaque cas particulier fournissant sa nuance. Fourier en a donné une excellente et satirique analyse dans son œuvre entière et, singulièrement, dans deux petits écrits dont je recommande la lecture éclairante : le texte sur « le libre arbitre » inséré au premier tome de *L'unité universelle* (et ayant fait l'objet depuis d'une publication séparée) ; et *Citerlogue* publié par les soins de Simone Debout aux éditions Fata Morgana.
Mais j'ajoute que, avec Fourier, Code juridique et Morale sont renvoyés dos à dos. Car, ce n'est pas au nom de la « morale » qu'il prononce, mais de l'exercice de passions qui, toutes, sont également légitimes lorsqu'elles contribuent à accroître notre puissance d'action, toujours, à la fois, individuelle et collective, ce qui nuit réellement à autrui étant seul condamnable.

On comprend aussi, dans cette perspective « amorale », qu'un « immoralisme » tel que celui revendiqué par Nietzsche peut aider à définir une plus haute morale, de même que, chez Pascal, il existe une vraie morale « qui se moque de la morale ».
Pour revenir à la manie qu'ont les juges dans leur pratique, de se réclamer de la morale (et, aujourd'hui, de « sciences » psychologiques ou psychanalytiques), je la référerai à la proposition bien connue de Rousseau dans le *Contrat social*, où il dégage la tendance moralisante de tout pouvoir qui ne peut se contenter du simple exercice de la force pure : « Le plus fort n'est jamais assez fort pour être toujours le maître s'il ne transforme sa force en droit et l'obéissance en devoir ». Tout cela est du même ordre.

T.F. : Les logiques de la domination ne s'enracinent-elles pas dans ce que l'on pourrait appeler un désir d'assujettissement ou d'auto-assujettissement ? Le pouvoir, à commencer par celui de punir, ne procède-t-il pas foncièrement d'un besoin de répression, d'un appel à la servitude volontaire et du désir d'exercer sur soi-même, à tout le moins, une sorte d'autocensure ?

R.S. : Je réponds à cette question, mais ne voudrais pas du tout me laisser embarquer dans une discussion sur la punition, ce qui n'est pas du tout dans mes intentions ni dans mes cordes.
C'est pourquoi je pense qu'il faut, au contraire, se dégager d'une telle logique, de son cercle vicieux. Mettre en question le droit de punir, son fondement, l'idée même qui le soutient ou le sous-tend. Et cette idée est, dans son fond, celle du péché, de la culpabilité, celle de « l'univers morbide de la faute », comme l'a écrit le Dr Hesnard que l'on ne lit plus ni ne cite plus (c'était à l'époque de Sartre et

de Merleau-Ponty qui, surtout, en ont parlé). Or, on aurait bien besoin d'y revenir, car elle touche à quelque chose de fondamental qui est « la culpabilité de vivre ». Cela peut prendre, à coup sûr, une forme intéressante et poétique, par exemple dans le « vivre est un mal, c'est un secret de tous connu » de Baudelaire, s'inspirant d'une pensée gnostique très ancienne et qui a connu bien des métamorphoses, des reprises, jusqu'à nous. Ce que je laisse, pour l'instant, de côté.

Mais cela peut aussi nourrir les attitudes les plus triviales, les plus dangereusement vulgarisées, à la fois dans le péché originel chrétien, et dans dans tous les procès en responsabilité, en accusation de culpabilité contre n'importe qui, alimentant les relations sociales, « le socius » contemporain. Tous contre tous, la défiance généralisée, la haine universelle manifeste sur le plan international. Selon le raisonnement torse : nous sommes tous coupables, mais la faute en est à autrui ; si je suis mauvais, c'est lui qui en est à l'origine, etc. Rejet indéfini de culpabilités et de responsabilités en cascade. C'est là le processus, la logique de la servitude volontaire : aimer être commandé pour pouvoir commander à son tour ; être en sous-ordre qui prend différentes formes et qui est certainement le sentiment le plus généralisé, celui de l'intériorisation du pouvoir au cœur de ce « micro-fascisme » dont ont parlé Foucault, Deleuze, mais aussi l'École de Francfort, Reich, etc. Il faut aller jusqu'à cette « personnalité autoritaire » constituée comme « cuirasse » ou comme un socle quasiment indéracinable pour comprendre le principe de la punition, du désir et du droit de punir. Et qui vient, évidemment, de l'enfance, procède de la « Sainte famille » comme aurait dit Marx.

Punir est un mot enfantin, un fantasme d'enfance. C'est, à la base, le fouet, la fessée, avec son élément de crainte et

de jouissance. L'intérêt de l'étude de Hesnard (prénommé, le savait-on, *Angelo*) est d'avoir décelé les bases de cet enracinement, de sa profonde intériorisation dont il faut se dégager. Mais je n'ai pas l'intention de faire une étude psychanalytique (ni n'en ai la possibilité) qu'il faudrait d'ailleurs compléter avec d'autres compulsions, comme, en particulier, « la volonté de savoir », compulsion cognitive et scopique, avec Foucault. C'est pourquoi j'ai toujours laissé la punition de côté, lorsque j'ai traité un peu de l'éducation, cherchant les « agencements » positifs de désir, constructifs d'une société ou d'un « ordre sociétaire » harmonique, non antagonique ni conflictuel. On ne sort pas de l'offense à autrui, du dol, ou de « la faute » par la répression, mais par le jeu des attractions. Et l'idée est toujours d'inventer des attractions appropriées ; c'est par l'organisation, la composition de l'attractif et non du répulsif ou répressif que l'on établit l'équilibre collectif. Seule idée claire que je puisse avoir et soutenir sur ce point. Le reste est circonstanciel.
C'est pourquoi je suis opposé à la prison, à son principe (« en finir avec la prison », comme l'a écrit Brossat, comme « en finir avec le jugement » de Dieu ou des hommes) ; ce qui ne signifie pas que l'on ne puisse, occasionnellement, prendre parti et, en l'occurrence, se déclarer favorable à tout ce qui peut améliorer le sort des prisonniers. Mais il faut se défaire de l'esprit punitif, de la « correction » (autre mot de l'enfance), c'est cela qui est l'essentiel.

T.F. : Votre réponse donne finement à réfléchir, et peut faire penser à ces lignes lumineuses de J.-P. Sartre extraites des Mots : « Je ne suis pas un chef, ni n'aspire à le devenir. Commander, obéir, c'est tout un. Le plus autoritaire commande au nom d'un autre, d'un parasite sacré (…), transmet les abstraites violences qu'il subit. De ma vie je n'ai donné d'ordre sans rire, sans faire rire ; c'est que je ne suis pas rongé par le chancre du pouvoir : on ne m'a pas appris l'obéissance »[5].

Peut-être est-il possible de proposer ces quelques observations et interrogations inspirées de vos analyses et de celles de Sartre, à savoir que :

- d'abord, la médiocrité ou la négativité de la punition repose peut-être, précisément, sur le fait que, sous couvert de travailler à l'équilibre social par la sanction – ce par quoi elle cherche à se justifier noblement -, elle produit, en réalité, des mécanismes de rupture, de désolation et de servitude. En effet, s'instaurant sur un prétendu objectif de rétablissement de la paix (sociale), ne peut-on pas penser, a contrario, *que la punition vise, en réalité, à ne maintenir qu'un état généralisé de guerre (sociale), à répandre le ressentiment dans le cœur des hommes et à placer les individus dans une sorte de dépendance à l'égard de la haine et des formes de l'hostilité ? Dans ces conditions, loin que la punition vise l'*hospes *contre l'*hostis *- ce qu'elle prétend pourtant -, peut-être convient-il de dire qu'elle se nourrit de l'*hostis *contre l'*hospes *pour précisément donner un caractère impératif au pouvoir. Autrement dit, en se fondant sur le sacro-saint principe de hiérarchie, en tendant insidieusement à opposer une fin de non recevoir à sa notion contraire d'égalité et donc à reconduire sempiternellement les antagonismes, n'en résulte-t-il pas que l'intérêt de punir consiste, au fond, à permettre l'intériorisation du principe d'autorité, à favoriser la réception des inégalités de nature ou de fonction, à insuffler ou distiller partout les conditions de l'acceptation de l'exercice du pouvoir et à donner un caractère nécessaire au motif de la subordination se*

5 J.-P. Sartre, *Les Mots*, Paris, Gallimard, coll. « Folio », 1993, p. 20.

caractérisant par le fait de transmettre des violences subies, comme l'expose Sartre dans la cadre du principe de la division hiérarchique, sur les autres, jusques et y compris le compagnon, l'ami, le voisin ? ;
- ensuite, ce faisant, la punition paraît quasi tautologique, en ce sens que la punition appelle la punition et que c'est en la pratiquant, bien que cela soit toujours « au nom d'un autre » et « contre un autre », qu'elle trouve à se légitimer. Au fond, peut-être n'est-il pas invraisemblable de penser que le droit de punir a pour point d'ancrage, pas seulement le « parasite sacré » - ainsi de Dieu, de l'État, du père, etc. -, mais également « le fait même de punir » : l'autorité sanctionnatrice ne s'autorise-t-elle pas aussi de punir, non pas seulement parce qu'elle est supérieure ou transcendante, mais parce qu'elle est punition ? D'où l'idée de cercle entre le droit de punir et le fait de punir, et l'impossibilité de sortir de la punition par la punition. Mais alors, comment sortir authentiquement hors de la logique punitive ? Par le rire ? Sartre évoque, dans le passage cité, le fait que, de sa vie, il n'a donné d'ordre « sans rire, sans faire rire », marquant, par là, le pouvoir de punir du sceau du ridicule. Par suite, ne peut-on aussi envisager l'idée que le rire possède, par-delà sa capacité de faire un pied de nez au pouvoir, quelque chose de salutaire ?

R.S. : Très juste ; j'ajoute aussi que je suis tout à fait d'accord avec cette idée du « ridicule » de la punition. Même dans les cas où l'on serait tenté de donner objectivement raison à celui qui veut punir (nombreux cas récents en politique internationale).

T.F. : Si vous le voulez bien, il semble utile de revenir sur une idée intéressante que vous avez évoquée, l'idée selon laquelle le droit de punir a partie liée avec une espèce de « culpabilité de vivre ». On peut, en effet, se demander si le « pus » du pouvoir de punir (Sartre parle du « chancre du pouvoir », comme on l'a vu) n'a pas non plus son siège dans l'angoisse. Car qu'est-ce que l'angoisse, sinon l'expression d'une peur sans objet ? Sinon le sentiment d'être coupable avant même d'avoir rien fait (ainsi du péché originel) ? A la différence du tracas, l'angoisse paraît pouvoir s'analyser comme la conséquence d'une peur tétanisante sans contenu précis ni matière, sans action ni motivation. N'y a-t-il donc pas une secrète connexion entre le droit de punir et l'angoisse, en tant que ce droit va venir alimenter la mauvaise conscience de l'angoisse ?

R.S. : Oui, toutes ces notions, formant complexe, sont intimement liées. Il s'agit bien d'une mauvaise conscience, ou encore d'une « fausse conscience », si l'on admet qu'il y a là l'expression d'une « misère » fondamentale, au sens où l'entendait Marx lorsqu'il parlait de la religion comme, à la fois, expression de la misère et consolation de cette misère. (Concept repris, je le remarque entre parenthèses, par les situationnistes qui ont fait beaucoup usage de la « misère », ce qui donne, encore entre parenthèses, des perspectives et une profondeur aux *Misérables* de Hugo auxquels j'ai fait allusion en commençant ; dès qu'on aborde ce thème, on est dans le complexe avec sa réversibilité). Mais je n'irai pas plus loin dans ce domaine qui déborde notre sujet, si tant est que nous en ayons un.
Ce qui importe surtout est, je crois, de nous libérer de la compulsion de punir dont on ne peut malheureusement exempter bien des anarchistes, mais dont déjà, très curieusement, les familles, les relations parentales tendent à se détacher (fin proclamée, officielle du moins, des

punitions corporelles, remplacement de la sanction par le dialogue, la communication, etc.). Curieusement, parce que la relation parentale est à son origine : Dieu le père, Sainte famille, je l'ai dit déjà.
Mais la communication, le dialogue, c'est aussi la bouteille à encre et, sans doute, le faux-fuyant, encore ; à moins qu'on dégage l'orientation commune de ce changement d'axe ou de « pivot », comme disait Fourier, de la recherche d'une société attractive et non fondée sur des limitations réciproques.
Je m'arrête, car je vois que je risque de me redire. On pourrait conclure là, au besoin, mais en constatant qu'on est loin d'être parvenu à ce stade. En particulier lorsque, au plan international, on voit qu'il est, plus que jamais, question de punitions, de frappes (aériennes ou autres), de sanctions, d'*éradication*... Qu'opposer à cette accélération de la bêtise ; car l'échec est au bout, nul n'en doute.

T.F. : Dans le système pénal actuel se pose, quoique depuis longtemps, mais de façon peut-être plus criante maintenant compte tenu de l'ampleur sans précédent qu'a acquise ce phénomène aujourd'hui, la question du sens des soins dits encadrés. Quelle signification accordez-vous, et même quelle finalité dégagez-vous, vis-à-vis de l'exigence des soins pénalement contraints ? Punir un individu en l'obligeant à se faire soigner ne constitue-t-il pas une contradiction dans les termes, voire une consternante hypocrisie ? N'y a-t-il pas lieu d'adopter une attitude prudente, réflexive, voire critique à l'égard de ce phénomène croissant des soins contraints ? Et derrière l'obligation de soin (ou l'injonction de soin) ne se dissimule-t-il pas en fait, sous une présentation apparemment plus douce ou moins frontale, la volonté d'accroître méticuleusement la surveillance ? La langue française offre, à cet égard, un éclairage tout à fait intéressant sur la liaison intrinsèque du soin et de la surveillance : en effet, s'agissant de la langue soutenue, J. Girodet ne parle-t-il pas indifféremment de la langue « soignée » et de la langue « surveillée » ?

R.S. : Philosophiquement parlant, nous sommes toujours des libertés conditionnées. Libertés, parce que nécessairement à l'origine de tout acte ; et, en ce sens, l'existentialisme a raison ; mais sous condition (ou conditions), en état de « servitude humaine », procédant du corps comme de l'âme, et Spinoza n'a pas tort. La parfaite santé n'existe pas , et chacun est malade ou fou, ou les deux à la fois.
Aussi la thèse juridique de la responsabilité absolue, décrétée par la loi, et aussi arbitraire qu'elle soit, est-elle la seule logique cohérente, bien qu'à la fois odieuse et inhumaine (ou « trop humaine » comme écrivait Nietzsche). Cela étant dit, on ne peut se plaindre que, dans ses procédures, cohérentes ou non, la Justice ait inventé des « atténuations de responsabilité ». Dont celle de la déficience ou maladie mentale, la plus récente. De la même façon qu'il y a, pour la minorité, des atténuations ou des exemptions.
Et il est certain que les mises en question d'atténuations précédentes, que l'on croyait fait acquis (comme les variations de l'appréciation dans la responsabilité des mineurs) sont de mauvais signes pour la liberté.
Je ne vais pas, en ce domaine pas plus qu'en d'autres concernant la pratique judiciaire, porter de jugement global. J'en suis incapable et, d'ailleurs, les principes sont trop flottants pour que l'on puisse décider. Mais je me permets seulement de souligner que, comme souvent encore, il faut lever une ambiguïté : la psychiatrisation

peut signifier une déshumanisation de l'acte ; le refus de lui donner une signification positive, d'en accorder la responsabilité à son auteur. L'exemple le meilleur, le plus clair, étant la psychiatrisation d'actes politiques en Union soviétique, mais aussi ailleurs, à partir du moment où l'on a considéré, en France par exemple, qu'il n'y avait plus de condamnation pour motifs politiques, mais que l'on condamnait seulement, après des manifestations dégénérant dans la violence, les délits de droit commun. Ce n'est pas, en ce cas, exactement la même chose que la psychiatrisation, mais un peu du même ordre. La psychiatrisation peut être justifiée par une privation effective de lucidité psychique, de conscience, comme dans le cas de l'ébriété ; et dans celui aussi de la « folie », à condition que l'on puisse délimiter exactement celle-ci, savoir si la définition de l'état reproché relève ou non d'une pathologie et d'une thérapie. Je renvoie, à ce sujet, à ce qu'a écrit là-dessus Sylvère Lotringer, dans un de ses derniers livres, dont je n'ai plus le titre présent à l'esprit. Cela concerne des thérapies pour traiter les « délinquants sexuels ». Très intéressant et écrit avec humour, Sylvère Lotringer étant lié avec Guattari et aussi la revue *Chimères*. Ce livre a été traduit il y a quelques années, et est publié au Rocher, dans la collection « Désordres ».

T.F. : Quels sont ou quels devraient être, selon vous, les grands chantiers de la philosophie d'aujourd'hui et de demain ? De mon point de vue, il semble que la question de la liberté ou de la libération revient maintenant avec une acuité toute particulière, par suite notamment des effets délétères croissants de ce que je nomme l'hypersurveillance sur les relations interindividuelles et le rapport à la société ou à l'État. Que pensez-vous de cette perspective ? Y a-t-il, selon vous, des questions engageant l'avenir bien plus urgentes encore ? ».

R.S. : Oui, ce contrôle général ou qui tend à l'être, prive l'individu de son autonomie, de ses initiatives, de ses inventions. Loin de conduire spontanément à l'idée d'une libération, il favorise la recherche paradoxale d'une emprise hyperbolique telle que l'offre la soumission religieuse à une puissance et à un discours transcendants. L'expression d'« âme mutilée » utilisée par Adorno et Horkheimer dans *Minima moralia* me semble rendre compte d'une telle situation qui concerne également la pauvreté du champ des désirs et de l'imaginaire. Nous sommes devenus incapables de désirer autre chose que ce qu'offre une production marchande répétitive, d'imaginer de réelles formes de vie et de société différentes. Je crois que c'est dans ce domaine que la philosophie peut se proposer des explorations, domaine d'une expérience à la fois cognitive, pratique, esthétique. Une voie qui a été, d'ailleurs, plutôt tracée par Deleuze et Guattari que par l'École de Francfort.

Je suis loin, en ce qui me concerne, de délaisser celle-ci qui a frayé le chemin, en y associant aussi Benjamin qui n'appartient, de fait, à aucune école précise. « La philosophie qui vient », a-t-il écrit, sera celle de l'expérience ; il entendait par là un prolongement de Kant, mais sans être borné par des catégories précises et limitatives. Il s'agit, au contraire, de s'ouvrir à des questions encore inexplorées, non conceptualisées ; et, en raison de cela, rangées sous la domination trop imprécise d'« Utopie ». Notre expérience sera explorative, utopique ; la philosophie qui vient doit se proposer de formuler le ou les « problèmes » ou « thèmes » de notre temps. L'expression est, cette fois, d'Ortega y Gasset : « le thème de notre temps ». Il le situait dans la pluralité des consciences et dans le perspectivisme des points de vue. Cette idée reste valable. Ce thème est bien celui des multiplicités propres à conduire à l'unité ; qui n'est pas l'effacement des différences ou leur conciliation dans l'uniformité, mais, au contraire, leur conservation, l'accentuation de leurs singularités.

A quoi j'ajouterai, mais je l'ai déjà indiqué, la perspective d'une « hospitalité universelle », c'est-à-dire d'une habitation commune, non conflictuelle, de la Planète. Tous thèmes et problèmes qui réclament un élargissement et une ouverture de l'idée d'une philosophie vers des penseurs, écrivains qui n'ont pas fait profession de « philosophes » proprement dits, mais dont l'œuvre donne incessamment à penser et fournit des outils pour la pensée « qui vient ». Je songe à Fourier, évidemment, mais aussi aux écrivains dont les philosophes contemporains s'inspirent : Proust, Lawrence, Artaud, Pasolini, etc.

Questions juridiques

aux éditions L'Harmattan

Dernières parutions

DROIT (LE) DE L'EXÉCUTION DES PEINES
Espoirs ou désillusions ?
Sous la direction de Fabienne Ghelfi
Les contributions proposent une analyse du droit actuel de l'exécution des peines et apportent une réflexion pertinente sur la mise en œuvre de ce droit. La promotion des aménagements de peine, comme le bracelet électronique ou la libération conditionnelle, est-elle une solution appropriée ? Est-il opportun de faire sortir les condamnés avant l'heure, sachant qu'ils ne sont pas suffisamment suivis ? Le juge d'application des peines et le ministère public sont-ils en mesure de prendre les «bonnes décisions» ?
(Coll. Droit privé et sciences criminelles, 17.50 euros, 160 p.)
ISBN : 978-2-343-03378-5, ISBN EBOOK : 978-2-336-35313-5

MÉDECINE (LA) À L'ÉPREUVE DU RISQUE PÉNAL
Sous la direction de Lina Williatte-Pellitteri
L'exercice médical offre un fort potentiel de contentieux pénal. Ce potentiel, les professionnels du droit comme les professionnels de la santé en ont conscience. Les premiers dénoncent l'absence de procédure pénale propre au monde de la santé, les seconds dénoncent une justice qu'ils ne comprennent pas. Le contexte rendant difficile une discussion efficace et constructive, ces réflexions s'efforcent de renouer le dialogue et de construire une communication intelligible pour tous.
(Coll. Droit, Société et Risque, 13.50 euros, 126 p.)
ISBN : 978-2-343-00774-8, ISBN EBOOK : 978-2-336-35266-4

PAIEMENT (LE)
Responsables scientifiques : Marc Mignot et Jérôme Lasserre Capdeville
En droit, la notion de paiement est un thème récurrent, que ce soit en droit civil, en droit des affaires, en droit bancaire ou encore en droit des procédures collectives. Comme le paiement est un acte économique avant d'être un acte juridique, plusieurs contributions sont consacrées à ce qu'un juriste peut considérer comme sa dimension matérielle. Le présent ouvrage contribue à dévoiler quelques-uns des secrets de l'acte de paiement. Il étudie les délais de paiement, les usages des instruments de paiement et les moyens de paiement.
(Coll. Droit privé et sciences criminelles, 31.00 euros, 300 p.)
ISBN : 978-2-343-03983-1, ISBN EBOOK : 978-2-336-35322-7

CONCILIATION ET MÉDIATION PRUD'HOMALES
Collectif GEMME-France
À l'initiative du Groupement européen des magistrats pour la médiation, conseillers prud'hommes, juges départiteurs, magistrats des cours d'appel et de la Cour de cassation ainsi que syndicalistes dressent ici un état des lieux et lancent des pistes de réflexion pour améliorer la qualité et l'efficacité de l'institution prud'homale. La question de la médiation prud'homale y est abordée avec les débats qu'elle suscite.
(12.00 euros, 108 p.)
ISBN : 978-2-343-00955-1, ISBN EBOOK : 978-2-296-53756-9

INTELLIGENCE (L') TERRITORIALE, UNE NÉCESSITÉ
Fath Bernard
Préface de Gérard Marcou
L'enjeu majeur pour les années à venir serait pour les collectivités territoriales de se doter des moyens propres à imaginer leur futur. Cependant l'État retire son ingénierie des territoires et s'ouvre sur les privatisations concurrentielles... Des solutions s'imposent, l'intelligence territoriale apparaît comme une hypothèse nécessaire pour impulser un futur mis en prospective. Le monde local foisonne d'initiatives propres à donner corps à l'intelligence territoriale.
(Coll. Grale, 27.00 euros, 274 p.)
ISBN : 978-2-343-00778-6, ISBN EBOOK : 978-2-296-53772-9

MARCHÉS (LES) PUBLICS À PROCÉDURE ADAPTÉE
Entre liberté et contrainte pour les collectivités territoriales
Ravignot Béatrice
Cette étude met en évidence les limites de la liberté octroyée aux pouvoirs adjudicateurs par le Code des marchés publics, dans le cadre de la conclusion de marchés à procédure adaptée. Du lancement de la procédure jusqu'au choix de l'attributaire et ses conséquences, les collectivités territoriales restent en effet soumises à des contraintes formelles ou procédurales, qui sont souvent identiques ou proches de celles existant dans le cadre des procédures formalisées.
(Coll. Master Collectivités territoriales et politiques publiques, 16.50 euros, 162 p.)
ISBN : 978-2-343-00223-1, ISBN EBOOK : 978-2-296-53768-2

FRANCE INTERCOMMUNALE (LA)
Regards sur la loi de réforme des collectivités territoriales du 16 décembre 2010
Sous la direction de Pierre-Yves Monjal et Vincent Aubelle
Les communautés de communes, d'agglomération et urbaines et autres métropoles, ne vont-elles pas porter un coup définitif à l'organisation décentralisée de la République ? La France n'est-elle pas sur le point de changer de mode de gouvernance locale en recourant à des procédés politiques et juridiques fondés sur les notions de mutualisation, de territoire pertinent, de développement, de communautarisation ?
(Coll. Grale, 39.00 euros, 406 p.)
ISBN : 978-2-336-29370-7, ISBN EBOOK : 978-2-296-53725-5

TRAITEMENT DES RESPONSABILITÉS CIVILE ET PÉNALE
Approche comparée en droit français et iranien
Nory Yoshanloey Jafar
La distinction contemporaine n'a pu empêcher le rapprochement pratique des responsabilités civile et pénale tant en droit français qu'iranien. Il apparaît qu'à la fonction réparatrice de la responsabilité civile peut s'additionner une fonction punitive qui s'incarnerait dans «la peine privée», et à la fonction répressive de la responsabilité pénale une fonction réparatrice appelée «restitution pénale». Ces deux modes de responsabilité doivent se rejoindre dans une cohérence juridique afin que la justice soit rendue avec une dimension sociale.
(Coll. Sciences criminelles, 35.00 euros, 348 p.)
ISBN : 978-2-336-29122-2, ISBN EBOOK : 978-2-296-53750-7

JACQUES VERGÈS
Un aristocrate de refus
Charvin Robert
Préface de Hervé de Charette
J. Vergès, avocat des causes difficiles, ne laisse personne indifférent. Il est l'ennemi de certains ayant fait son procès dans quelques mauvais livres mais l'ami des simples gens, l'encourageant à combattre encore et toujours les puissants. Sa vie est un roman, mais il n'est pas question de faire un roman de sa vie : il conserve son mystère comme tout homme dans sa complexité. Un avocat qui possède en lui des éléments de dignité, qui a dévoré sa vie avec sincérité.
(13.50 euros, 120 p.)
ISBN : 978-2-343-00533-1, ISBN EBOOK : 978-2-296-53645-6

SANG (LE) ET L'ENCRE
Et si Christian Ranucci était innocent ?
Le Meur Yann
Christian Ranucci, 22 ans, est guillotiné le 28 juillet 1976 à Marseille pour l'enlèvement et le meurtre d'une fillette de 8 ans. De la fin de l'instruction au pied de l'échafaud, où il demande à ses avocats de le réhabiliter, il a toujours clamé son innocence. S'appuyant sur des contre-enquêtes relatives à l'affaire, le dossier pénal et de longues investigations documentaires et de terrain, ce livre aboutit à des conclusions, toutes dans le sens de l'innocence de Ranucci.
(29.50 euros, 302 p.)
ISBN : 978-2-343-00604-8, ISBN EBOOK : 978-2-296-53558-9

IMMIGRÉ (L') ET LA GESTION DU PATRIMOINE
Loubassou Nganga Maixent
Cet ouvrage met à la disposition des personnes qui viennent d'arriver en France et qui ne connaissent pas l'environnement fiscal, juridique, bancaire et financier français, des outils indispensables pour une gestion optimale de leur patrimoine : choisir le meilleur régime matrimonial, organiser ou réorganiser de façon optimale leurs placements, trouver des produits de défiscalisation adaptés, choisir le meilleur placement immobilier.
(Coll. Pour Comprendre, 12.00 euros, 106 p.)
ISBN : 978-2-336-30090-0, ISBN EBOOK : 978-2-296-53639-5

ADMINISTRATION PÉNITENTIAIRE ET JUSTICE
Un siècle de rattachement
Sous la direction de Paul Mbanzoulou et François Dieu
Depuis le décret du 13 mars 1911, l'administration pénitentiaire est rattachée au ministère de la Justice. Au-delà de l'éclairage historique, qui occupe une place notable dans cet ouvrage, les contributions réunies ici examinent le positionnement actuel de l'administration pénitentiaire, ainsi que ses perspectives d'évolution à la lumière de quelques expériences étrangères.
(Coll. Criminologie, 26.00 euros, 256 p.)
ISBN : 978-2-343-00412-9, ISBN EBOOK : 978-2-296-53667-8

DÉMOCRATIE (LA) LOCALE À LA RECHERCHE D'UN NOUVEAU SOUFFLE
Marceau Anne
Préface de Gérard Marcou
Comment peuvent se concilier démocratie représentative et démocratie participative ? La multiplication des procédures de consultation ne nuit-elle pas à leur efficacité ? Quels seront les acteurs de la démocratie locale demain : les élus, les citoyens, les habitants, les usagers ? Les outils de démocratie locale mis en place ces dernières années constituent-ils un véritable renouveau ou apparaissent-ils comme le simple rhabillage de formules anciennes ?
(Coll. Grale, 32.00 euros, 308 p.)
ISBN : 978-2-343-00118-0, ISBN EBOOK : 978-2-296-53527-5

CONSEIL (LE) DES DROITS DE L'HOMME ET SES PRINCIPAUX MÉCANISMES
Bilan et perspectives d'actions pour le Burkina Faso à l'entame de son second mandat de membre
Merindol Ouoba Clarisse
Le Conseil des droits de l'homme a remplacé la Commission des Nations unies aux droits de l'homme. Cet ouvrage contribue à la dynamique de promotion et de protection de ces droits, notamment à travers les actions entreprises par cet important organe du système des Nations unies, dont le Burkina Faso est membre depuis 2008. L'auteur apporte un regard personnel sur les quatre années de présence de ce pays en son sein.
(14.50 euros, 142 p.)
ISBN : 978-2-336-29180-2, ISBN EBOOK : 978-2-296-53513-8

L'HARMATTAN ITALIA
Via Degli Artisti 15; 10124 Torino

L'HARMATTAN HONGRIE
Könyvesbolt ; Kossuth L. u. 14-16
1053 Budapest

L'HARMATTAN KINSHASA
185, avenue Nyangwe
Commune de Lingwala
Kinshasa, R.D. Congo
(00243) 998697603 ou (00243) 999229662

L'HARMATTAN CONGO
67, av. E. P. Lumumba
Bât. – Congo Pharmacie (Bib. Nat.)
BP2874 Brazzaville
harmattan.congo@yahoo.fr

L'HARMATTAN GUINÉE
Almamya Rue KA 028, en face du restaurant Le Cèdre
OKB agency BP 3470 Conakry
(00224) 60 20 85 08
harmattanguinee@yahoo.fr

L'HARMATTAN CAMEROUN
BP 11486
Face à la SNI, immeuble Don Bosco
Yaoundé
(00237) 99 76 61 66
harmattancam@yahoo.fr

L'HARMATTAN CÔTE D'IVOIRE
Résidence Karl / cité des arts
Abidjan-Cocody 03 BP 1588 Abidjan 03
(00225) 05 77 87 31
etien_nda@yahoo.fr

L'HARMATTAN MAURITANIE
Espace El Kettab du livre francophone
N° 472 avenue du Palais des Congrès
BP 316 Nouakchott
(00222) 63 25 980

L'HARMATTAN SÉNÉGAL
10 VDN en face Mermoz, après le pont de Fann
BP 45034 Dakar Fann
33 825 98 58 / 33 860 9858
senharmattan@gmail.com / senlibraire@gmail.com
www.harmattansenegal.com

L'HARMATTAN BÉNIN
ISOR-BENIN
01 BP 359 COTONOU-RP
Quartier Gbèdjromèdé,
Rue Agbélenco, Lot 1247 I
Tél : 00 229 21 32 53 79
christian_dablaka123@yahoo.fr

Achevé d'imprimer par Corlet Numérique - 14110 Condé-sur-Noireau
N° d'Imprimeur : 113003 - Dépôt légal : novembre 2014 - *Imprimé en France*

www.ingramcontent.com/pod-product-compliance
Lightning Source LLC
LaVergne TN
LVHW051629071026
849535LV00009BA/3509